GÉOGRAPHIE

ANCIENNE

HISTORIQUE ET COMPARÉE

DES GAULES

CISALPINE ET TRANSALPINE

SUIVIE

DE L'ANALYSE GÉOGRAPHIQUE DES ITINÉRAIRES ANCIENS,

ET ACCOMPAGNÉE

D'UN ATLAS DE NEUF CARTES;

PAR M. LE BARON WALCKENAER,

MEMBRE DE L'INSTITUT DE FRANCE
(ACADÉMIE DES INSCRIPTIONS ET BELLES-LETTRES).

TOME TROISIÈME.

A PARIS,

LIBRAIRIE DE P. DUFART,

RUE DES SAINTS-PÈRES, N° 1;

A St.-PETERSBOURG, CHEZ J.-F. HAUER ET Cⁱᵉ.

1839.

GÉOGRAPHIE

ANCIENNE

HISTORIQUE ET COMPARÉE

DES GAULES

CISALPINE ET TRANSALPINE.

TOME III.

DE L'IMPRIMERIE DE CRAPELET,
RUE DE VAUGIRARD, N° 9.

INTRODUCTION

A L'ANALYSE GÉOGRAPHIQUE

DES

ITINÉRAIRES ANCIENS POUR LES GAULES

CISALPINE ET TRANSALPINE.

Parmi les études, peut-être trop variées, auxquelles je me suis adonné, il n'en est aucune qui ait usurpé un plus grand nombre de mes momens de loisir que celle de la géographie. J'ose dire que j'ai toujours suivi avec une studieuse constance les grands progrès que cette science a faits de nos jours; j'ai tâché de les seconder par mes travaux et par ma participation aux travaux des autres. Pourtant je n'ai encore rien fait paraître sur une des branches de la science géographique qui a été l'objet principal de mes efforts : quelques Mémoires de moi sur la géographie ancienne insérés dans les volumes de l'Académie des Inscriptions et Belles-Lettres sont les résultats de discussions qui se sont élevées dans le sein de cette savante compagnie, et ils ont été composés le plus souvent entre deux séances :

III.   *a*

ils ne font point partie des ouvrages en ce genre
qui ont consumé plusieurs années de ma vie : celui
que je publie aujourd'hui pourra seul faire concevoir ce que sont les autres, et initier les lecteurs
dans la méthode que j'ai suivie dans tous. Elle me
paraît la seule propre à substituer des résultats
positifs à ces conjectures vagues et incohérentes,
ou à ces aperçus incertains, dont on est trop habitué
à se contenter dans cette portion des connaisssances
humaines.

Je consacrerai cette Introduction à développer les
principes de cette méthode, à tort méconnus ou
combattus, par des auteurs qui ne se sont pas aperçus
qu'il est certaines questions de la science antique
que l'érudition peut encombrer, mais qu'à elle seule,
elle ne saurait résoudre.

Pour quiconque comprend bien le but et les
moyens de la science géographique, elle ne consiste
pas seulement dans les derniers renseignemens obte-
nus sur le globe que nous habitons, mais elle est la
réunion de toutes les connaissances acquises sur ce
sujet depuis les premiers temps de l'histoire jusqu'à
nos jours. C'est par cet ensemble de notions que
nous pouvons avoir quelque idée des régions où
les modernes n'ont point pénétré ; que nous re-
cueillons des détails plus circonstanciés, et plus
exacts, sur celles qui, souvent parcourues dans les
siècles passés, ont aussi, à différentes époques,

été mieux décrites qu'elles ne peuvent l'être dans le siècle qui s'écoule. C'est aussi par la seule étude des temps précédens que nous pouvons assigner aux nations qui ont vécu dans les différens âges la place qu'elles ont occupée sur le globe, et connaître les divisions, et les dénominations, des diverses contrées de la terre, selon les temps, les lieux et les dialectes.

Ainsi la science géographique ne peut se scinder. Elle est incomplète lorsqu'on ne la considère qu'à une seule époque; et la dernière époque s'enrichit de tous les faits et de toutes les découvertes qui ont eu lieu dans toutes les autres : de même sur les plus anciennes époques se reflètent les lumières acquises dans toutes celles qui les ont suivies.

Mais pour mettre à profit les notions modernes, il suffit de les réunir à celles dont on est redevable au temps qui les a immédiatement précédées. Il n'en est pas ainsi des connaissances acquises dans des siècles très éloignés de nous. Elles n'ont pour nous de valeur qu'autant que nous les comprenons bien, et que nous pouvons les comparer avec le dessin actuel de la terre, exécuté avec le degré de perfection et avec tous les détails que la science moderne comporte. Ici est la difficulté. Les révolutions des empires, les changemens de religion et de langage, ont fait disparaître les anciens noms. Des villes antiques ont été anéanties ; de nouvelles

villes ont été construites ; là où il n'existait que
des déserts, habite une nombreuse population ; des
régions autrefois florissantes, couvertes de riches
et splendides habitations, n'offrent plus aujourd'hui
que des terrains incultes et une effrayante solitude;
partout le temps a changé la face de la terre. Pour
former l'ensemble des notions qui complètent la
science géographique, il est donc nécessaire de rat-
tacher entre eux les anneaux brisés de cette science ;
d'établir une comparaison analytique entre la géographie ancienne et la géographie moderne.

L'identité des lieux, comme la réalité des faits,
se démontre par les monumens et les témoignages
de l'histoire. Nous avons un assez grand nombre de
régions, de peuples, de villes, et de lieux antiques dont l'emplacement nous est donné d'une
manière incontestable par les monumens historiques ; mais il en est aussi un bien plus grand
nombre sur lesquels ces monumens se taisent. Il
est donc nécessaire de découvrir, s'il est possible,
un moyen qui supplée à celui des récits de l'histoire pour déterminer les positions des lieux antiques,
ou, ce qui est souvent la même chose, la correspondance des noms anciens avec les noms modernes
des mêmes lieux.

S'il nous restait des siècles passés des cartes
géographiques assez rapprochées de la perfection
de nos cartes modernes pour pouvoir y reconnaître

les sinuosités des côtes, les chaînes de montagnes,
le tracé des rivières, la position des villes, il suf-
firait de comparer ces cartes avec celles du temps
présent, pour constater l'identité de tous les objets
désignés sous des noms différens; et il n'y aurait
aucune difficulté pour coordonner entre elles les
notions géographiques que les siècles nous ont
transmises.

Nous ne possédons point de telles cartes; mais
pourtant il en existe qui sont les résultats de la
science plus ou moins grossière, plus ou moins
perfectionnée, des siècles qui nous ont précédés.

Une différence notable et singulière, mais dont
il est facile de rendre raison, se fait remarquer
entre ces cartes. Celles qui ont été faites dans les
siècles les plus rapprochés de celui où les navigations des Portugais ont commencé à déterminer
les bases sur lesquelles devait s'élever le système de
la géographie moderne, sont sans rumbs de vents,
sans graduation; elles sont dessinées d'une manière
si grossière qu'on ne peut presque en tirer aucun
parti pour les comparaisons à établir. On s'aperçoit
que les meilleures cartes de ces temps, copiées de
celles des Arabes, sont dressées d'après des itinéraires
tronqués et incohérens, répartis dans les bandes des
climats dont on a déterminé la largeur d'une manière très imparfaite d'après la longueur des jours.

Si l'on rétrograde dans les temps antérieurs à

ceux où la science des Arabes fut introduite en
Europe avec leur domination dans la péninsule
hispanique, on trouve des cartes contemporaines de
ces siècles, qui sont plus grossières encore que celles
dont nous venons de parler. Ce sont des planisphères informes sans aucune de ces divisions par
climats, qui déterminaient au moins d'une manière
générale la latitude des diverses régions de la terre ;
c'est une confusion, un chaos, où l'on a de la peine
à reconnaître l'ensemble même des continens.

Mais si l'on recule encore plus dans la série des
âges jusqu'au temps de l'empire romain, jusqu'au
second siècle de l'ère chrétienne, on trouve enfin
sous cette date la géographie de Ptolémée, qui nous
enseigne comment on peut, d'après des calculs ri-
goureux, dessiner la figure globuleuse de la terre sur
une surface plane, d'après une savante projection.
Cet ouvrage donne des tables de longitude et de latitude, et assigne à tous les lieux, à tous les objets géographiques, leurs positions sur le globe par le moyen
de leur plus courte distance à l'équateur et à un
premier méridien ; ce qui fournit des données suf-
fisantes pour figurer sur une carte toutes les parties
de la terre alors connues, d'une manière assez dé-
taillée et assez exacte pour qu'on puisse y reconnaître le plan même de la nature.

La géographie de Ptolémée, qui était le résumé, in-
complet et imparfait, de la géographie mathématique

des anciens, fut le seul modèle qu'on se proposa, le seul guide que l'on suivit, lorsque les premiers progrès de l'astronomie eurent donné les moyens d'apprécier l'excellence de la méthode qui avait présidé à sa rédaction. Ni les planisphères des siècles d'ignorance, ni les cartes divisées par climats des géographes arabes, ni les portulans des marins, où les côtes reconnues par eux se trouvaient dessinées avec tant de détails, où les gisemens étaient déterminés d'après les rumbs de vents, ne pouvaient, même en les réunissant, donner les moyens de coordonner entre elles, selon un système de proportions déterminées, les diverses régions de la terre. On s'aperçut que la seule voie pour atteindre ce résultat était, à l'exemple de Ptolémée, de fixer les positions des lieux géographiques, d'après leur distance à l'équateur et à un premier méridien.

Mais comme les observations astronomiques n'étaient pas assez précises, qu'on manquait également de mesures itinéraires exactes, on fut dans l'incapacité de pouvoir exécuter ce plan; on ne put former un ensemble, un système géographique. Pour échapper à cette difficulté, on adopta celui de Ptolémée; et alors, ce ne fut pas la science ancienne que l'on chercha à mettre en rapport avec la science moderne, pour éclairer la première par la dernière, ce fut la science moderne que l'on essaya d'asseoir sur les bases de la science ancienne. On in-

terpola dans les Tables de Ptolémée les positions
modernes dont on croyait connaître la longitude et
la latitude, et on les inscrivit sur les cartes dressées
pour cet auteur. Les manuscrits les plus récens du
géographe d'Alexandrie, comme les premières éditions qui ont été imprimées sur ces manuscrits,
offrent de fréquens exemples de ces interpolations.

Lorsque la géographie, aidée de l'invention de la
boussole et des perfectionnemens de l'astronomie et
des instrumens, eut fait, à la fin du quinzième siècle
et au commencement du seizième, de si prodigieux
progrès; lorsqu'on eut doublé le cap de Bonne-Espérance, découvert le Nouveau-Monde, on ne crut pas
pouvoir mettre un autre système géographique à la
place de celui de Ptolémée, qui se trouvait contredit
cependant, et réfuté dans sa plus importante hypo-
thèse, je veux dire la prolongation de la côte orientale d'Afrique jusqu'à l'extrémité de l'Asie, faisant
de la mer des Indes une mer méditerranée. Ce fut
à cause de l'excès des longitudes de Ptolémée vers
l'orient que l'on se persuada que les terres nouvellement découvertes dans l'océan Atlantique appartenaient à l'Inde, et que Christophe Colomb mourut
sans savoir qu'il eût abordé dans un nouveau monde
au delà duquel était encore un océan qui le séparait
de l'ancien monde, bien plus vaste que celui qu'il venait de traverser. Lorsque les conquêtes des Fernand
Cortez et des Pizarre eurent détrompé l'Europe à

cet égard, on ne voulut pas renoncer à croire que Ptolémée eût tout connu, eût tout déterminé. Le Pérou devint la chersonèse d'Or du géographe d'Alexandrie, et *Catigara* fut placé sur les cartes à l'extrémité des côtes occidentales connues de l'Amérique, de même qu'il se trouvait sur les cartes de Ptolémée à l'extrémité orientale des côtes connues de l'Asie. Enfin, quand il fut bien avéré que les anciens n'avaient eu aucune notion du Nouveau-Monde, si ce n'est par les conjectures de leurs géographes spéculatifs, on publia des cartes de ce vaste continent assez détaillées pour former un atlas séparé sous le titre de *Supplément à Ptolémée*.

Le système de géographie moderne est donc sorti des corrections faites au système géographique de Ptolémée ; mais, pour l'étendue et la précision des connaissances, il est devenu tellement supérieur à son modèle qu'on n'a plus dû se servir de l'ouvrage du géographe d'Alexandrie pour tracer sur les cartes aucune des régions du globe. Cependant, encore au milieu du dix-huitième siècle, D'Anville a cru devoir l'employer pour l'intérieur de l'Afrique, jugeant cette contrée mieux connue des anciens et des Arabes qu'elle ne l'était de son temps. Mais la géographie de Ptolémée, devenue inutile pour les progrès de la science moderne, maintint sa prééminence pour éclairer la géographie des siècles passés. C'est en la comparant avec la géographie moderne qu'on cher-

cha à faire reparaître la géographie des temps antérieurs à celui où cet ouvrage fut composé ; et, avec
elle, celle des temps qui l'ont suivie, jusqu'à l'époque
où elle a cessé de dominer la science moderne.

La géographie de Ptolémée ne nous donne pas
les seules cartes, ou plutôt les seuls matériaux de
cartes, qui nous restent des anciens. Nous savons,
d'après leurs propres témoignages, qu'indépendamment de celles où les méridiens et les parallèles étaient tracés par des lignes courbes , et des
cartes à projection plates avec des méridiens et des
parallèles en lignes droites, ils avaient des portulans
pour l'usage des navigateurs d'après les rumbs de
vents et des observations célestes. Ils avaient des
cartes itinéraires où étaient tracées les grandes routes
avec leurs diverses ramifications, avec les noms des
lieux que ces routes traversaient, et les chiffres
indiquant les distances intermédiaires entre ces différens lieux, qui, dans plusieurs, se trouvaient dis-
tingués par des couleurs, et où étaient indiqués les
montagnes, les fleuves, les lacs. Ils avaient encore
des livres pareils à ceux que nous intitulons *pilotes*, qu'ils nommaient *périples*, où se trouvaient
toutes les distances et les indications nécessaires
pour tracer ces cartes marines, ou plutôt qui étaient
écrits d'après ces mêmes cartes. Ils possédaient enfin
des routiers pareils à nos livres de poste, où tous les
noms de lieux qui se trouvaient sur les routes des

cartes itinéraires se lisaient écrits avec les distances à la suite les uns des autres : on en donnait des copies détachées ou isolées comme feuilles de route aux généraux d'armée, aux soldats, aux courriers et aux messagers. Des passages de Properce, de Strabon, de Pline, de Frontin, de Végèce, d'Athénée, d'Aristide, de Saint-Ambroise, du Code Théodosien, de Dicuil, et d'autres auteurs, ne laissent aucun doute sur ces différentes assertions. Ces livres peuvent être considérés comme ayant été les matériaux élémentaires des cartes géographiques, des cartes itinéraires, ou plutôt ils n'en étaient que le relevé.

Si, d'après tous ces matériaux, et tous ceux de même nature, on pouvait rétablir les cartes des anciens selon le plan perfectionné des cartes modernes, on assignerait à chaque lieu géographique mentionné par les auteurs et les monumens de l'antiquité sa position sur le globe; on aurait le nom des lieux modernes qui occupent le même emplacement, et qui correspondent aux noms anciens. De telles cartes éclaireraient d'une vive lumière l'histoire de l'antiquité, et donneraient des moyens d'interpréter exactement nombre de textes anciens, mieux que ne pourraient le faire des volumes de discussions.

Ainsi donc, déterminer les vraies positions des lieux dont Ptolémée dans sa géographie a donné les longitudes et les latitudes, ou, en d'autres termes, dont

il a établi les distances respectives en degrés, minutes et secondes ; déterminer aussi les vraies positions des lieux dont l'Itinéraire d'Antonin , l'Itinéraire maritime, l'Itinéraire de Bordeaux à Jérusalem,
la Table Théodosienne , ont donné les noms et les
distances , ce serait réellement rétablir les cartes géographiques des anciens selon un plan plus parfait que
celui qu'ils ont connu ; ce serait expliquer, dans tout
ce qui est purement géographique , tous les auteurs
de l'antiquité : car les anciens ne nous ont transmis
aucun monument qui renferme autant de notions
précises sur la géographie positive et mathématique
que ceux qui viennent d'être mentionnés. C'est
avec eux qu'il faut coordonner les autres documens
antiques moins exacts, moins étendus, moins dé-
taillés.

Ce rétablissement de la carte antique, au moyen
des nombreuses données qui nous en restent, est difficile , mais il n'est pas impossible. S'il était facile, il
serait fait. On s'écarte des routes hérissées d'obstacles ;
on se précipite dans celles qui sont ouvertes et apla-
nies. Pour se dispenser d'entrer dans celle-ci, on a
nié qu'elle fût praticable. Dans de volumineux ouvrages, dans de simples dissertations, des hommes,
d'ailleurs très érudits et justement célèbres, ont dé-
claré que les latitudes et longitudes de Ptolémée
n'étant point d'accord avec celles de nos cartes modernes , il ne fallait point y avoir égard ; que les

itinéraires anciens, ainsi que la Table Théodosienne, n'offraient qu'un amas d'erreurs ; que les chiffres donnés par ces monumens géographiques méritaient rarement d'être pris en considération , et, conformément à cette doctrine facile, on a vu paraître des traités de géographie ancienne où sur les points difficultueux toutes les opinions qu'on a émises ont été réunies, sans que l'auteur paraisse seulement soupçonner celle que l'on doit préférer, ni s'en inquiéter.

Mais une science ne peut faire de progrès que par des moyens qui lui sont propres. La géographie est la science de l'espace, et le géographe est tenu de se rendre compte des moyens employés pour le définir.

Pour pouvoir mettre à profit la géographie de Ptolémée, les itinéraires anciens et la Table Théodosienne, il est essentiel d'examiner comment ces ouvrages ont été composés, quelle est la cause des erreurs réelles ou apparentes qu'on y découvre, et quels secours ils peuvent nous fournir pour déterminer mathématiquement les positions des lieux antiques.

Lorsque nous considérons attentivement les cartes dressées pour la géographie de Ptolémée, nous sommes frappés de voir que presque tous les lieux dont l'identité avec les lieux modernes nous sont connus, ceux des côtes exceptés, ne se trouvent pas, les uns à l'égard des autres, dans leurs vrais

rapports de position, et que plusieurs s'en écartent
extrêmement; de telle sorte que telle ville est placée
au nord de telle autre, tandis qu'elle devrait être
au sud ; telle autre est mise à l'orient d'une autre
ville, tandis que dans la réalité elle est à l'occident.
Sur les côtes, au contraire, nous remarquons que les
caps, les ports, les baies, les embouchures des
fleuves, les stations, les villes, sont dans l'ordre
qu'ils occupent réellement à la suite les uns des autres, et que les intervalles qui les séparent indiquent
qu'ils sont dans un certain rapport avec leurs distances réelles, telles que nos cartes modernes nous
les donnent.

Cette remarque nous enseigne qu'il est possible,
pour les côtes, de découvrir la mesure qui a servi à
déterminer les intervalles des lieux antiques. Si en
effet, pour les côtes que l'on veut soumettre à une
analyse géographique, on calcule dans Ptolémée les
distances qui se suivent, et qu'on fasse la même sup-
putation pour la carte moderne de la même région,
on trouve souvent exacts des rapports de distance
entre les deux cartes, et par là on détermine facilement le module de la mesure qui sur la carte antique
a servi pour telle ou telle côte.

Ainsi pour les côtes occidentales de la mer Rouge,
pour les côtes méridionales de l'Arabie, Ptolémée,
d'accord avec le périple de la mer Érythrée, nous
montre que la mesure qui a servi à déterminer les

distances est égale à la 5oo^me partie d'un degré de grand cercle de la sphère.

Les côtes de l'Inde, celles du golfe Persique, quelque défigurées qu'elles paraissent sur la carte de Ptolémée, correspondent, par le calcul des distances pour les lieux qui y sont placés, à une mesure qui aurait pour unité la ιιιι $\frac{1}{9}$ partie d'un degré de grand cercle.

Sur d'autres côtes de l'Orient comme de l'Occident, on retrouve l'emploi d'un module de mesure de 833 $\frac{1}{3}$ au degré.

D'autres côtes, telles que certaines portions des rivages méridionaux de la Gaule, offriront, dans la carte de Ptolémée, une concordance parfaite avec la carte moderne, si les distances sont calculées d'après un module de mesure de 666 $\frac{2}{3}$ au degré.

Pour d'autres côtes, telles que certaines portions de l'île d'Albion et de l'Ibérie, on n'obtiendra la correspondance des positions de Ptolémée avec la carte moderne qu'au moyen d'une mesure qui est la 7oo^me partie du degré; et pour celles de la Germanie et de la Sarmatie, qu'avec une mesure qui en est la 6oo^me partie.

Dès lors nous sommes autorisé à conclure que les périples particuliers qui ont servi à dresser la carte du monde connu ont été construits avec des mesures différentes, et dans les rapports que nous avons indiqués. Nous n'aurions pas besoin de prouver autrement que l'usage de ces mesures a existé chez les anciens, puisque leur existence est démontrée par l'emploi même qui en a été fait sur de longues étendues de côtes, et pour des séries de distances qui se suivent sans interruption, mesurées avec le même module.

Mais lorsque nous apprenons que ces mesures sont celles-là mêmes que les Grecs désignaient sous le seul nom de stades, quoiqu'elles différassent entre elles, selon les rapports que nous avons indiqués, nous ne doutons plus que ces mesures n'aient servi à la construction de leurs systèmes géographiques, et ne soient une des principales causes des erreurs et des aberrations qu'on y remarque.

Ainsi, lorsque Aristote nous dit que le périmètre de la terre est de 400,000 stades, nous en déduisons le stade de 1111 $\frac{1}{9}$, que notre analyse géographique nous a fait reconnaître en Orient.

Quand nous lisons dans Archimède qu'une mesure donnait 300,000 stades à la circonférence de la terre, nous obtenons, par le calcul, le stade de 833 $\frac{1}{3}$ au degré, dont l'emploi a été vérifié par nous.

L'évaluation d'Eratosthène, d'Hipparque, de Strabon, de 252,000 stades pour le périmètre de la terre, nous donne aussitôt le stade de 700 au degré.

Celle de 180,000 à la circonférence d'après Ptolémée nous fournit le stade de 500 au degré.

Aucune des déterminations de la circonférence de

la terre données par les anciens ne nous indique le
stade de 600 au degré, dont nous avons aussi cependant reconnu l'emploi dans le système géographique
de Ptolémée. Mais on sait l'origine de ce stade, dont
les Romains ont fait un si grand usage, et dont huit
formaient leur mille. On le nommait le stade olympique, parce qu'il était composé de 600 pieds grecs ou
625 pieds romains, module qui servait à mesurer la
course à pied aux jeux olympiques. Ainsi, ce stade
se trouvait contenu 216,000 fois dans la circonférence de la terre.

Tous les faits que nous venons d'énoncer se
trouvent démontrés, avec une grande conscience de
calculs et une rigoureuse précision, dans les quatre
volumes de *Recherches sur la Géographie des
anciens,* par M. Gossellin. A ces faits, qui sont indé-
pendans de toute théorie, de tout système, nous
pourrions en ajouter d'autres fondés sur nos propres
travaux qui ne seraient pas, nous osons le dire, moins
rigoureusement démontrés. Nous nous sommes as-
suré que les distances données, dans les itinéraires
anciens, pour la Perse et pour l'Inde, se trouvent parfaitement d'accord avec celles de nos cartes modernes, et nous fournissent les moyens d'assigner
avec une rigoureuse précision les positions de toutes
les villes antiques qui s'y trouvent mentionnées.
Nous pouvons démontrer que les distances indiquées par Strabon, Pline et la Table Théodosienne,

pour ces mêmes positions, donnent des mesures semblables avec des chiffres différens, parce qu'elles représentent toutes un des stades que nous avons indiqués.

M. Gossellin ne s'en est pas tenu à la démonstration de la diversité des mesures chez les anciens, à l'exactitude de leur emploi en géographie. Il a voulu aller plus loin encore par cette méthode d'analyse qu'il s'était créée. En examinant les bases du système géographique des Grecs antérieurement à Ptolémée, en recherchant celles d'après lesquelles Eratosthène avait dressé sa carte; en faisant disparaître les causes évidentes d'erreurs produites par des mesures différentes confondues sous un même nom, M. Gossellin a trouvé que les plus grandes distances en longitude entre cinq ou six points, pris sous le 36ᵉ parallèle, présentaient avec nos cartes modernes un accord surprenant. Il reconnaît cependant que les Grecs, qui ont déterminé les latitudes assez exactement, n'ont jamais pu faire d'observations qui eussent quelque valeur pour les longitudes ; et comme les déterminations des lieux plus rapprochés et intermédiaires présentent d'énormes erreurs et diffèrent fortement, sous ce rapport, de celles dont nous venons de parler, il en conclut que le système géographique des Grecs provient de quelque peuple inconnu de l'Asie chez lequel l'astronomie se trouvait poussée à un haut degré de perfection. Cette conjecture, qu'aucun texte

ancien n'autorise, n'est nullement nécessaire pour
rendre compte des faits que M. Gossellin a su si bien
discerner ; on peut en donner une explication bien
plus simple et plus naturelle, et qui est suivant nous
la seule vraie.

M. Gossellin n'a travaillé en détail que les côtes
de la carte antique ; jamais il n'a porté son analyse
dans l'intérieur des continens ; jamais il n'a tenté de
comparer les cartes modernes des pays levés topo-
graphiquement, ou assez exactes et assez détaillées
pour qu'on puisse leur appliquer les mesures anciennes données par les itinéraires et la Table Théodosienne. Ce travail était tout différent de celui
auquel M. Gossellin s'est livré ; il exigeait la réunion
d'un grand nombre de feuilles géographiques, et des
recherches historiques sur des localités obscures, qui
n'importaient en aucune manière à l'histoire des découvertes dans les temps antiques, et à l'explication
des différens systèmes de géographie, objets principaux des recherches de M. Gossellin.

Du point de vue où M. Gossellin s'était placé, il
considérait les différentes mesures données par les
anciens pour le périmètre de la terre comme des
mesures astronomiques, et toutes les grandes distances
transmises par l'antiquité dans un des stades employés pour évaluer le périmètre terrestre comme
les résultats d'observations astronomiques. Il imagi-
nait dans le système primitif des anciens en géogra-

phic une exactitude et une perfection qui n'y exis-
tèrent jamais. La méthode qu'il a employée pouvait
très bien se passer de cette théorie, mais ceux qui ont
combattu cette théorie n'ont pas su voir qu'elle
n'affectait pas l'exactitude de ses résultats.

Si M. Gossellin avait étudié les progrès de la géographie chez les modernes avec cette constance qu'il
a mise à rechercher ceux des anciens dans cette science,
l'illusion qu'il s'était faite sur la cause de l'exactitude
de certaines mesures des cartes anciennes se serait
évanouie. Il aurait vu que chez les anciens, comme
chez les modernes, ce n'est point par les observations astronomiques que l'on est parvenu à déterminer, assez approximativement, la longitude et la
latitude d'un nombre de lieux suffisant pour pouvoir
asseoir les bases d'un système géographique, mais
par les itinéraires. Seulement il y a cette différence
entre les anciens et les modernes, que les géographes
de l'antiquité, les Eratosthène, les Marin de Tyr,
les Ptolémée, quand ils ont voulu former un système
régulier des connaissances géographiques acquises de
leur temps, ont eu à leur disposition, pour accomplir
cette tâche, un ensemble de mesures bien plus nombreuses, bien plus exactes, que les géographes des
temps modernes qui les premiers ont fait de semblables tentatives.

Nous avons déjà remarqué que jusqu'à l'époque
où la découverte du cap de Bonne-Espérance et celle

du Nouveau-Monde firent faire de si grands et de si rapides progrès à la géographie, cette science dans l'Europe moderne s'était traînée dans une sorte d'enfance sur les pas des Arabes.

Les savans cosmographes qui, au début des grandes découvertes des Vasco de Gama et des Colomb, s'attachèrent à réunir et à coordonner ces notions acquises en géographie virent très bien que les cartes dressées avec tant de détails et d'habileté, par les pilotes et les hydrographes qui avaient coopéré à ces navigations, ne pouvaient s'adapter aux planisphères grossiers dont on s'était contenté jusqu'alors. Ces cartes plates des pilotes, n'embrassant qu'une zone peu étendue, pouvaient, par la nature de leur projection, ou plutôt malgré leur défaut de projection, suffire aux besoins de la navigation; mais quand il fallait les réduire toutes pour les rendre parties intégrantes d'une mappemonde représentant toutes les terres connues, alors les distances marquées sur ces cartes et les dimensions des côtes se trouvaient d'autant plus erronées que les régions auxquelles elles appartenaient étaient plus éloignées de l'équateur.

C'est alors que les cosmographes étudièrent dans Ptolémée l'art des projections géographiques, et que le livre de cet auteur fut la base sur laquelle ils essayèrent de construire leur système.

Pour les contrées nouvellement découvertes, les cosmographes avaient quelques observations imparfaites et les journaux nautiques pour base ; mais dans les contrées plus anciennement connues ils manquaient de matériaux : ils n'avaient ni itinéraires ni routiers, ni aucun moyen de déterminer les distances respectives des lieux et leurs positions sur le globe. Ils s'approprièrent donc pour l'Europe et pour une partie de l'Asie les cartes de Ptolémée, et ils rectifièrent ce plan général à mesure que des renseignemens encore imparfaits, mais recueillis dans les pays mêmes, leur en donnaient les moyens.

De ce mélange des connaissances anciennes avec les notions modernes devait résulter une confusion et des erreurs dans la géographie de l'ancien monde, dont celle du nouveau monde était exempte. C'est ainsi que, de nos jours, les côtes de la Nouvelle-Hollande, le dernier des continens qu'on ait explorés, ont été relevées avec tous les moyens de la science moderne perfectionnée, et qu'elles présentent moins d'inexactitude et d'imperfection dans leur tracé que les côtes de la Méditerrannée, les plus anciennement connues de toutes, et celles qu'on a le plus souvent dessinées, mais dont la carte générale est le résultat d'explorations faites dans différens siècles, et par des navigateurs ou des hydrographes de différentes nations.

On est pénétré d'admiration lorsqu'on suit les travaux des Nunez, des Vanegas, des Appian, des Santa-Cruz, et d'autres cosmographes de Charles-Quint, pour vaincre les obstacles que leur présentait l'état de la science, surtout pour subvenir à son besoin le plus impérieux, la détermination des longitudes, sans laquelle il leur était impossible de former un ensemble des connaissances acquises, de créer en un mot un système géographique dégagé des fautes énormes qu'ils trouvaient dans celui de Ptolémée. Perfectionnement des instrumens, calcul des éclipses, table des déclinaisons et des étoiles, variations de la boussole, longueurs des ombres, horloges marines, levées trigonométriques, multiplicité des projections, cartes réduites; ils essayèrent tout, ils pensèrent à tout, ils inventèrent tout, avant les Mercator, les Wright, les Halley et leurs successeurs. Mais à l'époque où parurent ces hommes si recommandables, dont la mémoire est aujourd'hui effacée, la mécanique et l'optique n'étaient point assez avancées pour prêter des secours efficaces à l'astronome et au géographe, et, nonobstant leurs savans efforts, le système géographique des modernes resta encombré par les erreurs dues aux cartes de Ptolémée.

Quoique dans le seizième et le commencement du dix-septième siècle les instrumens se fussent bien perfectionnés, que l'astronomie eût fait de grands progrès, que l'on eût gravé des cartes nautiques et des cartes géographiques de diverses régions, on manquait encore de mesures et d'observations précises pour déterminer, même approximativement, la distance des points extrêmes en longitude des terres connues du globe ; et le système géographique moderne, qui s'était dégagé enfin de celui des anciens, se ressentait encore de la trop grande extension que Ptolémée avait donnée à l'ancien monde connu de son temps.

Nicolas et Guillaume Sanson, les plus grands géographes de leur époque, en 1652 et en 1668, se trompaient de quinze degrés sur la longueur de la Méditerranée, et de trente-deux degrés sur la distance du premier méridien au cap Comorin. La première erreur était quinze fois plus grande, et la seconde erreur quatre-vingts fois plus grande, que celle qui existait entre les mêmes points géographiques sur la carte des anciens ramenée à son exactitude primitive.

Nicolas Sanson eut cependant l'heureuse idée de s'aider des itinéraires romains pour rectifier ses cartes ; mais ce moyen même ne pouvait que le confirmer dans ses erreurs, ou lui en faire commettre de plus grandes. Il considérait le mille romain comme égal au mille marin de 60 au degré ; il le faisait donc trop long d'un cinquième, ce qui contribuait à exagérer toutes ses distances dans la même proportion.

Enfin, par l'intervalle de plusieurs bornes milliaires antiques qui furent découvertes, la longueur du mille romain ancien fut connue ; on sut que cette mesure était la même que celle des pilotes grecs de

la Méditerranée, qui, dans leurs navigations, calcu-
laient les distances parcourues par un mille égal à
la soixante-quinzième partie du degré d'un grand
cercle de la sphère terrestre. Delisle profita de
cette découverte, et au moyen des itinéraires romains, il resserra la Méditerranée de trois cents
lieues en longitude, et l'Asie de cinq cents lieues:
ces corrections hardies se trouvèrent d'accord avec
les observations astronomiques qu'on commençait déjà à multiplier sur divers points du globe.
L'habile géographe s'occupa avec beaucoup d'ardeur
à coordonner à ce petit nombre de points, astronomiquement déterminés, tous les itinéraires anciens
et modernes, les relations de voyages, et les journaux de navigation. Il parvint ainsi à faire disparaître les fautes énormes de ses prédécesseurs, et il
fonda un système de géographie entièrement moderne, dégagé des fausses notions que celui de Ptolémée avait si long-temps consacrées.

Le système géographique moderne dont Delisle
avait posé les bases fut perfectionné par D'Anville.
A l'exemple de Delisle, mais avec bien plus de succès
encore, D'Anville se servit de la géographie ancienne
pour hâter les progrès de la géographie moderne. Ce
fut avec les itinéraires anciens que D'Anville rectifia la
forme fautive que l'on donnait à l'Italie; qu'il détermina, au moyen de ces antiques documens, les distances entre les lieux modernes de cette célèbre

péninsule. Pline, dans la partie géographique de son
grand ouvrage, dit quelque part : « J'ai honte d'em-
prunter à des Grecs les mesures de l'Italie. » Notre
grand géographe, qui n'était ni compilateur, ni bel
esprit, n'a jamais été tenté de dire qu'il rougissait,
pour dresser une carte de l'Italie moderne, d'avoir
recours aux anciens Romains, et à des monumens
géographiques vieux de dix-huit cents ans. Il savait
que les vérités une fois acquises à la science ne ces-
sent jamais de lui appartenir, quels que soient le
siècle, le climat, la contrée qui les a vues naître ; et
que c'est leur exactitude, et non leur origine, qui
constitue leur valeur et le degré de confiance qu'elles
méritent.

Les cosmographes de l'école d'Alexandrie, les
Ératosthène, les Marin de Tyr, les Ptolémée, pour
accorder entre eux les résultats des découvertes
faites et les connaissances acquises de leur temps en
géographie, ne se trouvèrent pas, comme les cosmographes modernes, dans la nécessité de faire de vains
efforts pour arranger et concilier les notions incohérentes et fragmentaires de vingt siècles et de
vingt peuples différens.

A deux époques diverses, mais analogues, dans des
siècles de civilisation perfectionnée et devenus célèbres par les succès du génie et la haute culture des
sciences et des lettres, deux grands empires se for-
mèrent. Ils renfermèrent, l'un en Orient, l'autre en

Occident, presque toutes les terres du globe qu'il a été donné aux anciens de parcourir et de connaître. Des mesures furent prises pour déterminer l'étendue et les dimensions de ces empires : on en releva les côtes, on en dessina les provinces, on en traça les routes, on en écrivit les périples et les itinéraires ; et ces vastes et riches documens, recueillis, publiés par les deux puissans gouvernemens auxquels ils étaient dus, offraient aux géographes un moyen facile de former un ensemble de toutes les connaissances géographiques. Il n'y avait d'incertitude que pour les contrées situées hors des limites de ces empires, sur lesquels on n'avait que des renseignemens moins certains.

Alexandre-le-Grand, en traversant toute la portion de l'Asie comprise entre l'Europe et l'Indus, eut soin de faire mesurer, par ses *bématistes* ou ingénieurs mesureurs, les longues routes parcourues par lui et par ses lieutenans. Pline et Strabon ne nous ont pas laissés ignorer les noms des hommes utiles qui exécutèrent ce grand travail. Il fut continué sous les successeurs immédiats d'Alexandre, par Séleucus Nicator et Antiochus Soter, qui prolongèrent ces itinéraires jusqu'à l'embouchure du Gange et dans la presqu'île de l'Indoustan. D'un autre côté, la flotte, partie de l'Indus par les ordres d'Alexandre, arriva heureusement à Babylone après avoir reconnu les côtes de la Perse et du golfe Persique. Néarque et Onésicrite, qui commandaient cette flotte, avaient écrit la relation de ce voyage de découvertes, et donné les résultats des calculs de leurs *stadmodotes* ou ingénieurs chargés de mesurer la longueur du trajet parcouru par leurs vaisseaux. Les côtes méridionales de l'Indoustan et de Ceylan furent ensuite visitées par des navigateurs grecs, de sorte qu'il existait des cartes générales et particulières de tout l'Orient. On possédait encore des itinéraires écrits, des relations de voyages, des périples, des descriptions particulières de certaines régions ou de certaines provinces, ou même des topographies de certains cantons importans, tels que celui de la Troade par exemple : les titres de quelques uns de ces ouvrages et les noms de leurs auteurs sont cités par Strabon et par Pline. Il y avait, ainsi que nous le démontrerons ailleurs par tout ce qui nous reste de tous ces documens, dans Pline, Strabon, Arrien, la Table Théodosienne, beaucoup d'unité et d'ensemble dans les connaissances géographiques sur l'Orient : un même peuple en était l'auteur; un même siècle les avait vues naître; un même module de mesure avait servi à déterminer l'étendue des plus vastes régions.

Il en fut de même en Occident. Les Romains, en englobant dans leur vaste empire toutes les contrées situées entre la mer Atlantique et l'Euphrate, y projetèrent leurs longues voies fermes et indestructibles, afin d'établir de faciles communications entre Rome et les provinces les plus éloignées. On commença sous Jules César à procéder à un mesurage exact de toutes ces routes, à déterminer l'intervalle des stations ou relais de postes et des villes capitales. Cette grande opération fut continuée sous Auguste : on y employa trente-deux ans ; elle s'exécuta sous la direction de quatre ingénieurs en chef dont Æthicus nous a conservé les noms. L'un eut le Nord dans son département, l'autre le Midi, un troisième l'Orient, un quatrième l'Occident. Les côtes de la Méditerranée furent mesurées par les voies de terre qui bordaient leurs rivages, et aussi par les nombreuses navigations que nécessitaient la guerre et le commerce. Les périples qu'on publia, ou les portulans qu'on dressa pour l'usage des navigateurs, étaient minutieusement exacts, précisément parce qu'avant l'invention de la boussole les navigateurs craignaient de s'éloigner des côtes. La navigation chez les anciens était réduite à un cabotage presque continuel. Nous savons aussi que dans l'antiquité on avait inventé une machine qu'on adaptait à des voitures et à des vaisseaux, et qu'au moyen de cet odomètre, que Vitruve a décrit avec beaucoup de clarté, on mesurait les trajets de mer et de terre : ainsi, les voies non militaires, que les ingénieurs n'avaient pas mesurées pouvaient l'être de cette manière.

Il fut facile, en rejoignant les opérations faites sous

Alexandre-le-Grand avec celles qu'avaient fait exécuter Jules César et Auguste, de former un ensemble de ces deux grandes portions de la science géographique. Agrippa s'en occupa, et sa carte du monde, continuée d'après ses mémoires, fut exposée aux regards du public dans ce portique dont Polla, sa sœur, légua l'achèvement à l'infatigable activité d'Auguste. Ce n'était pas, au reste, un exemple sans précédent que cette exposition publique et monumentale d'une carte géographique, puisque depuis long-temps, selon le témoignage de Tite-Live, on voyait la carte de l'Italie peinte sur le mur du temple de Tellus, la Terre : *in pariete pictam Italiam.* Ces cartes peintes n'étaient que des cartes générales, mais nous apprenons par Frontin, dans les *Scriptores rei agrariæ,* qu'il existait, en outre, des ouvrages de géographie spéciaux pour chaque pays, des espèces de cadastre où la forme des provinces et des villes, les mesures qui les concernaient, étaient accompagnées de descriptions et de règlemens sur les possessions territoriales. Un nommé Balbus, mesureur ou ingénieur impérial, se trouve cité pour la province de *Picenum* comme un des auteurs de ces sortes d'ouvrages. Ces ouvrages, comme aussi les descriptions générales de la terre, furent accompagnés de cartes dessinées sur parchemin et sur toile : *Metiano Pompeiano quod depictum orbem terræ in membrana circumferret* (Sueton.). Mais bientôt, pour que ces cartes eussent plus de durée, on les grava sur cuivre. Sous Trajan surtout, qui, par la conquête de la Dacie et de la Mésopotamie, fit faire de nouveaux progrès à la géographie, ce procédé fut souvent mis en pratique par ordre exprès de l'empereur : *Libros æris et typum perticæ linteis descriptum (sic) secundos suas terminationes... hujus territorii forma in tabula æris ab imperio Trajano jussa est describi.* (Scriptores rei agrariæ.)

Ainsi, le monde d'Orient mesuré, décrit par les Grecs ; le monde d'Occident mesuré, décrit par les Romains, tels étaient les grands et magnifiques monumens géographiques que Ptolémée avait à sa disposition pour construire l'édifice de la science, pour former un système géographique. Il semble qu'il n'y avait qu'à rejoindre ces deux grandes portions du domaine cosmographique, qu'à les assujettir à une échelle de mesure uniforme, pour obtenir un dessin exact de toutes les terres connues, selon le degré de perfection où la science était alors parvenue. Mais cela ne pouvait suffire à Ptolémée, qui aspirait à une perfection plus grande, et qui voulait avec les seules observations existantes, avec les seuls travaux longimétriques qu'on avait exécutés, asseoir la géographie sur des bases plus scientifiques et plus solides. Ptolémée prétendait réaliser les idées d'Hipparque et déterminer l'emplacement de chaque lieu sur le globe par sa distance à l'équateur et à un premier

méridien , c'est-à-dire sa latitude et sa longitude.
Il voulait substituer à des distances données en
stades des distances en degrés, minutes et secondes d'un grand cercle de la sphère. Les observations souvent répétées sur la hauteur des principales étoiles, sur la durée du plus long jour, sur la
longueur des ombres, avaient suffi pour déterminer
les distances à l'équateur d'un assez grand nombre
de lieux ; à diviser l'hémisphère terrestre en climats
ou en bandes proportionnelles.

La latitude d'Alexandrie, telle que la donnaient les
observations d'Hipparque, ne différait que de trois
minutes quarante-six secondes des observations modernes. Eratosthène avait déterminé la latitude de
Rhodes à sept minutes cinq secondes près, et si on
joignait, par un calcul commun, son observation à
celles d'Hipparque, on n'aurait plus qu'une minute et
demie de différence entre les observations des anciens
et celles des modernes.

Mais s'il est prouvé que les anciens pouvaient
apprécier assez exactement la latitude des lieux, leur
impuissance à fixer leur longitude d'une manière
tant soit peu exacte est également démontrée.

Ptolémée, dans le calcul d'une éclipse de lune pour
déterminer la longitude entre Arbelles et Carthage,
se trompe de quarante-cinq minutes de temps ou de
onze degrés quinze minutes (675 milles géographiques) sur une distance qui n'excède pas trente-

trois degrés quarante-cinq minutes (2025 milles géographiques).

C'est dans les itinéraires des Grecs et des Romains que Ptolémée trouvait les moyens de déterminer les longitudes des points extrêmes dont les latitudes avaient été observées; et il n'est pas étonnant que pour ces grandes lignes, qui servaient de base à ses cartes, la compensation des petites erreurs partielles ait produit quelquefois des résultats tels qu'en les comparant avec les observations astronomiques modernes, on les ait trouvés exacts. Ces résultats ont fait illusion à M. Gossellin, et lui ont fait croire à une perfection dans l'astronomie des anciens que démentent les ouvrages qui nous restent d'eux sur cette science.

Mais hors de ces grandes lignes et à l'exception de ces points principaux, Ptolémée ne trouvait que des moyens insuffisans dans les itinéraires écrits ou dessinés des Grecs et des Romains. Des observations de latitude mal faites, ou incomplètes, reportaient souvent sur une route un lieu qui appartenait à une autre, ou même le plaçait hors de toutes les routes connues; il en résultait une perturbation continuelle dans les documens géographiques dont Ptolémée était pourvu pour l'intérieur des continens.

Je dis pour l'intérieur des continens, car les mêmes causes d'erreur n'existaient pas pour les côtes. Là, les itinéraires suivaient une ligne déterminée par les rivages mêmes. Les contours et les sinuosités étaient tracés, dessinés, décrits dans les périples, et placés sur les cartes d'une manière claire, invariable; les rumbs de vents déterminaient la direction à suivre : ici, nul croisement comme dans les itinéraires terrestres, qui, tracés parallèlement et en lignes droites, n'indiquaient ni les sinuosités de la route ni sa direction. Il en résulte que pour les côtes, les distances données par Ptolémée peuvent être comparées avec les distances modernes, tandis que ces distances ne sont plus comparables dans l'intérieur des continens, parce que les itinéraires se trouvent déplacés, et que les longitudes et les latitudes assignées aux lieux qui y étaient mentionnés ne sont plus en rapport avec ces itinéraires, ni avec les distances vraies déterminées par les documens géographiques dont on s'est servi pour fixer ces positions. Aussi, pour ce qui concerne cet intérieur des terres, les Tables de Ptolémée offrent-elles une masse d'erreurs inextricables. Elles ne sont plus pour nous qu'un catalogue (précieux il est vrai) des divisions et des subdivisions des régions terrestres, avec les noms des fleuves, des montagnes, des villes et autres lieux qui leur appartenaient.

Une des grandes causes d'erreur que Ptolémée et ses prédécesseurs pouvaient difficilement éviter, c'était la nécessité de traduire dans le module de mesure qu'ils avaient adopté les différentes mesures des itinéraires qui leur servaient à dresser leur carte générale, formant l'ensemble de leur système géographique. Ces mesures diverses portant toutes le nom de stades ou de milles, faisaient croire qu'il n'existait entre elles aucune différence, et on les employait comme si elles étaient pareilles. Quelquefois aussi les longueurs des stades et des milles connus des géographes anciens se trouvèrent changées à leur insu par leurs combinaisons géographiques, soit parce qu'ils transportaient des lieux à un degré de latitude différent de celui que ces lieux occupaient, et où les distances avaient été mesurées, soit enfin, ce qui produisait le même effet, parce qu'ils reportaient les distances données en stades ou en milles d'une carte plate à une carte dressée d'après une projection stéréographique. Mais comme les anciens nous ont donné en degrés la valeur de tous ces stades des géographes spéculatifs, il est toujours possible de corriger l'erreur et de découvrir, par le chiffre du stade erroné, le chiffre vrai du stade primitif qui a servi à mesurer la distance indiquée.

Mais ceci suppose nécessairement que la mesure du degré d'un grand cercle de la sphère a été connue des anciens, et donnée par eux dans un ou plusieurs des stades dont on trouve dans leurs écrits la valeur en degrés, puisque ce n'est qu'à l'aide d'une semblable mesure qu'on peut connaître la valeur longi-mé-

trique des autres, les comparer entre elles, et reconnaître leur exactitude, ou leur conformité avec
les mesures modernes.

Que le degré d'un grand cercle de la sphère terrestre ait été mesuré avec succès dans l'antiquité et avec
une exactitude suffisante pour les besoins de la géographie, au moins une fois, c'est ce dont on ne peut
douter, d'abord par les assertions positives des anciens eux-mêmes, confirmées par le grand nombre de
distances en stades dont ils ont déterminé la valeur
en portions de degrés, et qui se trouvent exacts en
les réduisant ainsi. Ces distances s'enchaînant entre
elles dans de longs et nombreux itinéraires, écartent
toute idée de hasard ou de rencontres fortuites dans
leur conformité avec les cartes modernes. Ensuite
l'expérience des modernes nous apprend que dès
qu'on a su comprendre dans l'antiquité le besoin
d'une telle opération pour les progrès de l'astronomie et de la géographie, elle a dû être exécutée avec
une perfection suffisante pour les besoins de cette
dernière science.

Qu'on ne s'y trompe pas : les plus simples opérations manuelles, quand on veut arriver à une rigoureuse exactitude, sont d'une extrême difficulté ; les
plus compliquées, au contraire, s'accomplissent sans
beaucoup d'effort, quand on veut se contenter d'une
exactitude approximative.

S'assurer par des observations de la grandeur de

l'arc céleste compris entre les zéniths de deux endroits, mesurer ensuite leur intervalle sur la terre, telle est l'opération à exécuter pour obtenir la mesure du degré d'un grand cercle de la sphère. Les gros volumes de chiffres et les longs détails d'opérations géodésiques qui accompagnent l'exposé de semblables entreprises, faites en France, en Piémont, en Laponie, au Pérou, dans l'Indoustan, attestent assez les difficultés qui accompagnent une telle opération, quand on aspire à une grande précision.

Pourtant le médecin Fernel, dans le milieu du seizième siècle, et avec des instrumens d'observation sans doute bien grossiers en comparaison de ceux d'aujourd'hui, a exécuté cette opération avec un tel succès que la valeur approximative du degré qu'il en a conclu approche tellement de la vérité qu'elle a été un sujet d'étonnement pour les astronomes de nos jours, et dans le savant ouvrage où Fernel a donné le détail de son opération, ce détail n'occupe pas une page entière.

Vers la dernière moitié du dix-septième siècle, Picard, avec plus de science astronomique que Fernel, mais sans beaucoup de temps et de difficulté, détermina aussi la longueur d'un degré moyen du grand cercle de la sphère terrestre; et cette mesure a suffi à Newton pour calculer le système du monde, à D'Anville pour l'exécution de ses admirables cartes géographiques.

De nos jours en France, de grandes sommes ont été dépensées, les hommes les plus savans et les plus habiles ont été mis à l'œuvre, pour mesurer avec toute l'exactitude possible un degré du grand cercle de la sphère, dont la valeur moyenne, d'après cette opération, a été fixée à 57,008 toises ou à 57,012 toises. Mais ce chiffre n'est encore qu'une approximation, et si l'on voulait recommencer aujourd'hui cette même opération, qui a été faite dans des temps de troubles et de désordre, et avec des instrumens moins parfaits que ceux qu'on possède, des méthodes géodésiques moins faciles et moins sûres que celles actuellement employées, il n'y a guère de doute qu'on n'obtînt encore un chiffre différent de celui de la précédente opération. Je fonde cette croyance sur le chagrin profond qu'avait conçu un des deux astronomes chargés de son exécution, par la persuasion où il était d'une erreur que lui-même avait commise dans ses observations, par les critiques qui ont été faites récemment de certains calculs relatifs à cette même opération, critiques, si je ne me trompe, qui sont restées sans réponse.

Mais, en supposant que les opérations faites en dernier lieu en France et les calculs qui en ont été la suite pour déterminer la longueur exacte d'un degré moyen d'un grand cercle de la sphère, soient parfaitement exacts, il est toujours bien certain aujourd'hui qu'on n'a pas atteint par eux le but qu'on s'était proposé, celui de placer sur le globe que nous habitons le type primitif de toutes les mesures de longueur, de capacité et de pesanteur. Il ressort évidemment de toutes les mesures des degrés terrestres, et des expériences qui ont été faites avec le pendule, que les divers méridiens diffèrent de longueur sous les mêmes latitudes ; que la terre, dont la densité est diverse selon les divers points de sa surface, n'est pas un sphéroïde régulier : on ne peut donc, d'après les mesures d'un ou plusieurs méridiens quelconques, déduire un degré moyen. L'élément unique d'une mesure toujours vérifiable ne peut s'obtenir que sous l'équateur, et en mesurant un degré de ce grand cercle, qui est unique. Mais une telle opération présente une excessive difficulté, non seulement à cause du climat, des pays et des habitans, dont il faudrait subir les inconvéniens, mais encore par elle-même, puisqu'au lieu d'avoir à déterminer les latitudes des deux extrémités de la portion de cercle à mesurer, ce seraient les longitudes de ces deux points extrêmes qu'il s'agirait d'obtenir, ce qui ne pourrait se faire que par un grand nombre d'observations.

Ainsi, tout ce qui s'est passé dans nos temps modernes relativement à la mesure d'un degré terrestre doit nous porter à croire que l'opération de même nature qu'avait exécutée Ératosthène en Égypte, et dont Pline parle en termes si magnifiques, a réellement eu lieu, et qu'elle fut assez exacte pour suf-

fire aux besoins de la géographie. En Égypte, cette
opération était plus facile que dans toute autre contrée du globe. L'Égypte est une longue vallée qui
s'étend du nord au sud, c'est-à-dire dans le sens du
méridien même qu'il fallait mesurer : Syène, un de
ses points extrêmes au sud, est située sous le tro-
pique ; les jours du solstice à midi les corps n'y jettent
aucune ombre ; la hauteur solsticiale d'Alexandrie
était connue : un passage de saint Clément d'Alexandrie nous apprend que la chorographie de l'Égypte
était l'objet d'un travail spécial qu'on ne cessait de
perfectionner, et qui rentrait dans les attributions
du collége des prêtres ; et les *bématistes* d'Alexandre
n'avaient pas négligé de mesurer les chemins de cette
contrée.

Le module de la mesure dont Ératosthène se servit, et à laquelle on donnait, comme à toutes les
autres du même genre, le nom de stade, était probablement une mesure itinéraire très usitée en
Égypte. Ératosthène trouva que le degré d'un grand
cercle contenait $694\frac{4}{9}$ de ces mesures selon Cléomède ; mais, soit qu'Ératosthène ait rectifié ce premier calcul, soit que Cléomède se fût trompé, soit
qu'on ait mieux aimé altérer la mesure itinéraire
pour la commodité du calcul, il résulte des témoignages de tous les auteurs de l'antiquité, excepté
Cléomède, qu'Ératosthène comptait 700 stades au
degré.

Si les évaluations du degré d'un grand cercle

à 5oo stades et à 666 $\frac{2}{3}$ ne sont que les résultats d'une observation inexacte de Posidonius, combinés avec la mesure itinéraire entre Rhodes et Alexandrie donnée par Ératosthène dans sa géographie, dont Posidonius se servait dans son calcul, il n'est pas étonnant de voir les géographes spéculatifs, qui, comme Ptolémée, avaient adopté, d'après Posidonius, le stade de 5oo au degré, confondre l'emploi de ce stade avec le stade de 666 $\frac{2}{3}$; et l'on conçoit pourquoi il est facile de ramener les chiffres des distances à leur valeur réelle et primitive, en les convertissant en stades d'Ératosthène, de 7oo au degré.

Toutes les distances relatives à l'Asie données dans Ptolémée peuvent être ramenées à leur exactitude primitive, lorsqu'on remarque que Marin de Tyr avait converti les mesures qui lui étaient données en stades de 1111 $\frac{4}{9}$, en stades de 7oo, pour les assujettir à son système.

Je soupçonne que ce stade de 1111. $\frac{4}{9}$ est une mesure locale de la Babylonie, et qu'elle a été portée par les Babyloniens dans l'Inde et dans toute l'Asie. Le chiffre qu'il a produit pour la mesure du degré me paraît être le résultat d'une opération exécutée, dans les plaines de la Chaldée, pour déterminer la longueur du degré d'un grand cercle. Il est le seul qui convienne aux marches d'Alexandre, à la navigation de sa flotte. Au temps d'Aristote, les Grecs n'avaient fait aucune tentative pour mesurer un

degré terrestre. Aristote aura appris que les astronomes babyloniens avaient exécuté cette opération,
et comme les *bématistes* avaient appliqué à la plus
courte des mesures itinéraires de Babylonie le nom
de stades, Aristote répéta d'après eux que les astronomes avaient trouvé que le stade était contenu
1 1 1 1 $\frac{1}{9}$ dans un degré d'un grand cercle, ne se doutant pas qu'il évaluait ainsi le périmètre de la terre
près du double de ce qu'il était réellement.

Ce stade de 1 1 1 1 $\frac{1}{9}$ ou de 400,000 à la circonférence
de la terre est celui dont l'usage a été le plus étendu,
le plus universel. Cosmas Indicopleustes dit que les
Indiens donnaient 400,000 coss à la circonférence
de la terre. Ainsi, dans l'Inde, cette mesure était la
plus usitée, la plus anciennement connue.

Elle aura donc été souvent confondue avec d'autres, surtout avec le stade de 833 $\frac{1}{9}$ mentionné par
Archimède, qui me paraît aussi une mesure d'origine
asiatique. Selon Hérodote, l'enceinte de Babylone
était de 480 stades; selon Ctésias, cette enceinte
était de 380 stades. Ces deux évaluations paraissent
très différentes; cependant elles sont semblables :
480 stades de 1 1 1 1 $\frac{1}{9}$ égalent juste 380 stades de 833 $\frac{1}{9}$.

Pline donne en milles romains deux mesures qui
semblent dissemblables entre l'embouchure occidentale du Gange et le cap Comorin; ces deux mesures
sont pareilles, si on évalue les milles (toujours de
8 stades) en stades de 700 pour le chiffre le plus faible,

et en stades de 1111 $\frac{1}{9}$ pour le chiffre le plus fort.

Voyez, je vous prie, comme on retrouve dans l'emploi des différens stades l'histoire même de la géographie et des progrès des découvertes.

Dans notre Europe, le stade qui seul peut nous faire retrouver les distances données par les Tables de Ptolémée, pour les côtes de l'Ibérie, du détroit de Gibraltar et des environs de Cadiz, c'est le stade de 1111 $\frac{1}{9}$, le plus ancien des stades, le stade de l'Asie; et l'histoire nous apprend que ces côtes ont d'abord été colonisées par des peuples asiatiques, les Phocéens et les Tyriens, qui les premiers ont écrit sur la géographie de l'Europe.

De même, le seul stade qui puisse s'adapter aux distances données par Ptolémée pour les côtes de la Germanie est le stade olympique, le stade de 600 au degré, le stade des Romains, dont huit formaient leur mille. Or, nous savons que ce sont les Romains qui ont les premiers découvert et décrit ces côtes. Ainsi, ces deux stades nous donnent, par leur emploi, les deux époques extrêmes des explorations maritimes dans l'antiquité, la plus ancienne et la plus récente.

Le stade grec proprement dit, qui servait à mesurer la course aux jeux olympiques, n'a été pris pour base d'aucun des systèmes géographiques dont il nous reste des traces dans les auteurs, mais l'on sait par les anciens qu'il était la huitième partie du mille romain.

Les itinéraires romains offraient un moyen certain de déterminer la valeur géographique de ce mille. En comparant les chiffres de ces itinéraires avec les distances que nous donnent les meilleures cartes modernes pour les environs de Rome, le nord de l'Italie, la Gaule et l'Égypte, nous avons acquis la preuve que la valeur géographique du mille romain est de 760 toises 7 pouces ou 1481 mètres, faisant la 75ᵐᵉ partie d'un degré. La moyenne des mesures prises entre plusieurs bornes milliaires et trouvées sur place a confirmé ce résultat. Il a été vérifié aussi sur les modules de mesures qui font partie intégrante du mille romain, tels que les pieds romains : les mieux conservés ont été trouvés conformes au calcul de longueur moyenne de tous ceux précédemment découverts. Cinq de ces pieds formaient un pas, et cette mesure de cinq pieds multipliée par mille se trouve être contenue soixante-quinze fois dans le degré, de sorte qu'il n'y a pas de mesure, même moderne, dont l'exactitude soit mieux démontrée que celle du mille romain à 75 au degré, et de sa partie intégrante le stade olympique, le stade de 600 au degré.

Il est fait mention dans l'Itinéraire, et dans Strabon, de l'emploi, en Italie même, d'un stade contenu dix fois dans le mille romain, pour un petit nombre de distances qui sont exactes dans ce stade. Les itinéraires anciens font aussi mention de ce

stade, qui serait, par conséquent, de 750 au degré.
Les différentes espèces de schœnes de 30, ou les parasanges, et les schœnes de 40 et de 60 stades dont
il est fait mention dans les auteurs, se trouvent dans
un certain rapport avec le stade de 750 et avec celui
de 1111 $\frac{1}{9}$. L'emploi de ces différentes mesures et
leur usage pour retrouver les positions des lieux
antiques ne peuvent résulter que de la comparaison
faite des distances énoncées dans les anciens.

Nous en dirons autant du mille dont parle Polybe,
cité par Strabon, qui était composé de 8 $\frac{1}{3}$ stades. Il
n'y a que des mesures comparées, prises sur les portions de la route dont parle Polybe, exactement
levées, qui puissent nous apprendre si, dans cette oc-
casion, c'est le mille ou le stade qui diffère. Si c'était
cette dernière mesure, nous aurions une preuve de
l'emploi géographique d'un stade de 625 au degré;
si c'était le mille, le pied grec aurait été substitué au
pied romain pour former le module générateur du
mille romain.

Nous sommes dans la même incertitude relativement au mille de 7 $\frac{1}{2}$ stades mentionné par Suidas,
Photius et Agathias, et pour un mille des 7 stades
dont parlent Hiéron d'Alexandrie, Saint-Epiphane,
Hésychius. Le premier mille donnerait un stade de
562 $\frac{1}{2}$ au degré, et le second un stade de 525 au degré.
Si c'était le stade qui variât, les 7 stades olympiques
nous donneraient un mille de 69 au degré, ce qui est,

à très peu près, le mille-moderne des Anglais, qui se
subdivise aussi en 8 *furlongs* auxquels on a quelquefois donné le nom de stades. Les 7 stades ½ donneraient un mille de 70 $\frac{5}{16}$ au degré.

Il y a dans l'Itinéraire ancien sur la côte d'Égypte
une station nommée *Pentaschoeno* ou Cinq-Schœne
accompagné du chiffre xx, qui semble indiquer sur
cette côte un schœne composé de 4 milles romains ; il
serait un peu plus fort que la parasange ou le schœne
de 30 stades, puisqu'il contiendrait 32 stades.

Ce n'est, ainsi que je l'ai dit, que par la juste application de ces différentes mesures sur des cartes
modernes dressées sur une grande échelle, et qui
nous présentent une exacte configuration du sol, que
nous pouvons assigner l'emploi de ces mesures et en
déterminer la valeur.

Un habile et savant ingénieur-géographe, M. Puil-
lon-Boblaye, en comparant les mesures des anciens
avec celles qu'il avait prises lui-même sur le terrain,
ou obtenues par les travaux des autres ingénieurs,
dans le Péloponèse seul (la Morée), a reconnu
l'emploi de trois ou quatre mesures différentes. Les
grandes mesures que Strabon donne de cette presqu'île sont en stades de 700, tandis que les distances
des villes de l'intérieur sont en stades olympiques
de 600 au degré. La distance de 660 stades donnée
par Pausanias entre une colonne située à Olympie
et une colonne placée à Sparte, en passant par Mé-

galopolis , mesurée avec une rigoureuse exactitude , est en stades de 700 ; et cependant la distance particulière de Mégalopolis à Sparte est en stades de 600.

La mesure que donne Strabon pour le contour des côtes du Péloponèse est en stades de 700 ; et cependant pour la mesure de ces mêmes côtes Scylax se sert du stade olympique. Ce dernier paraît avoir été le stade usuel des Grecs, l'autre le stade géographique.

L'analyse géographique de la seule Gaule transalpine nous fait découvrir l'emploi de cinq mesures différentes dans cette région. Pour les côtes septentrionales, le stade olympique de 600, et le stade de 500. Pour les côtes méridionales le stade de 500, et celui de 666 $\frac{2}{3}$. Dans l'intérieur, pour les itinéraires et la table, nous trouvons deux espèces de mesures, le mille romain de 75 au degré, et la lieue gauloise, qui était de 1,500 pas romains, ou un mille et demi, ou de 50 au degré. Le double de cette mesure est exactement la lieue des géographes français modernes de 25 au degré. Nous sommes avertis par la Table Théodosienne et par d'autres textes anciens que l'usage de cette lieue gauloise commençait à Lyon, et trouvait son emploi dans la Celtique et dans la Belgique , tandis que dans la Province romaine et dans l'Aquitaine, on se servait du mille romain.

Mais ici se révèle une cause de confusion de mesures qui a égaré D'Anville. Dans un grand nom-

bre d'itinéraires, on trouve devant les noms dont ils
se composent deux chiffres distincts, un en lieues
gauloises, un autre en milles romains. On ne peut
douter qu'il n'en fût ainsi pour tous les itinéraires
où les lieues gauloises étaient en usage ; mais les
copistes se sont lassés de donner ces deux nombres
pour exprimer la même distance; ils ont supprimé
un de ces chiffres, mais quelquefois ils ont accompagné celui qu'ils transcrivaient d'une indication
erronée. Quelquefois, le chiffre indiqué comme
étant des milles exprime réellement des lieues, et
celui qui est donné comme des lieues représente
des milles. Par la même raison, une distance isolée
en lieues gauloises se trouve quelquefois intercalée
au milieu d'un itinéraire en milles romains, ou
une distance en milles romains au milieu d'un
itinéraire en lieues gauloises. Enfin, tous les itinéraires de la Belgique et de la Celtique ne sont
pas toujours en lieues gauloises. Sur les bords du
Rhin, le mille romain paraît avoir été plus particulièrement employé. C'est pour n'avoir pas su
discerner cela, que D'Anville s'est fortement trompé
pour les itinéraires anciens de la Hollande, qui sont
presque tous en milles romains.

De tout ce que nous venons de dire il résulte que
celui qui aspire à hâter les progrès de la géographie
ancienne, à enrichir la science de notions positives
et certaines, doit, d'abord avant tout, chercher à

rétablir, par le moyen des mesures anciennes, la carte de Ptolémée, la Carte Théodosienne et les itinéraires anciens, sur le plan de la carte moderne de la contrée qui est l'objet de ses travaux.

Pour Ptolémée, on doit d'abord reconstruire, d'après les Tables de cet ancien, la carte des côtes de cette contrée, et indiquer, sur le dessin, les variantes du texte grec et celles du texte latin, car tous les deux sont des textes anciens, et l'un n'est pas toujours la reproduction de l'autre. Les cartes de Mercator, qui accompagnent les meilleures éditions de Ptolémée, peuvent suffire quand on ne veut que consulter l'ouvrage du géographe d'Alexandrie ; mais quelquefois elles ne s'accordent ni avec le texte grec ni avec le texte latin, et il est nécessaire d'avoir une carte qui soit en parfait accord avec ces textes. Par cette reconstruction de la carte de Ptolémée, on obtiendra la plus grande distance entre chaque lieu réduite en degrés ou en portions de degré. Si les distances réelles données par la carte moderne ne s'accordent pas avec celles de Ptolémée réduites en degrés de 5oo stades, on découvrira par des essais répétés, entre des lieux connus, le module du stade qui a servi particulièrement à dresser le périple de cette côte, et l'on rétablira les mesures de la carte ancienne dans leur exactitude primitive, et par leur moyen la vraie correspondance des noms et des positions anciennes, avec les noms et les positions modernes. Les quatre vo-

lumes de recherches géographiques de M. Gossellin nous présentent les meilleurs modèles en ce genre.

. Ptolémée, par les raisons que j'ai indiquées ci-dessus, ne nous donne pas pour l'intérieur les moyens
de retrouver, par ses mesures, la correspondance des
noms anciens avec les noms modernes. C'est à la
Table Théodosienne et aux itinéraires qu'il faut
avoir recours pour cet objet.

Les meilleures cartes hydrographiques et géographiques ne suffisent plus pour cette pénible tâche ;
il faut travailler sur les topographies les plus détaillées et les plus exactes, quand il en existe. Ce n'est
qu'en s'éclairant par un plan détaillé du sol que
l'on peut discerner la véritable direction des routes
qui se joignent et se croisent dans tous les sens ; qu'on
peut assigner avec certitude l'emplacement des lieux
anciens.

Le module des mesures employé par les itinéraires ne peut se découvrir que par son application
sur des cartes modernes de la nature de celles que
nous venons de désigner. La Table Théodosienne
conduit ses itinéraires jusque dans l'Inde, et à l'embouchure du Gange ; et pour toute la portion qui est
au delà de l'Euphrate et du Tigre elle offre avec
les itinéraires d'Alexandre et de ses successeurs, tels
qu'ils nous sont donnés dans Pline et dans Strabon,
un accord qui démontre l'identité d'origine de toutes
ces mesures.

Nous sommes certain que les chiffres de la Table Théodosienne et des itinéraires anciens écrits expriment des milles romains en Égypte, sur la côte occidentale d'Afrique, en Italie, dans les Alpes, dans la Souabe et l'Autriche jusqu'au Danube, dans les Gaules, mais dans cette dernière contrée avec le mélange des lieues gauloises. Nous l'affirmons parce que, muni des cartes les plus détaillées, nous avons porté les mesures anciennes dans toutes ces contrées; mais nous ne pourrions assurer que les mêmes modules de mesures peuvent s'appliquer aux autres contrées de l'Europe, de l'Asie et de l'Afrique connues des anciens, ou que, comme dans les Gaules, l'analyse géographique ne nous y ferait pas découvrir d'autres mesures locales désignées sous la dénomination de milles romains.

De tout temps, et dans tous les pays, les mêmes noms donnés à des mesures analogues ont été, en géographie, une cause féconde en erreurs.

Nous avons en Europe un très grand nombre de mesures nommées *lieues* qui diffèrent de plus de moitié, depuis la lieue de Saxe et de l'Ukraine, de 12 au degré, jusqu'à la lieue nautique d'Espagne, de $17\frac{1}{2}$ au degré, et la lieue de poste, de 2,000 toises ou de $28\frac{1}{2}$ au degré, dans cette partie du monde, la plus petite de toutes. Nous avons un bien plus grand nombre encore de mesures itinéraires nommées *milles*, depuis le mille d'Allemagne, de 15 au degré, jusqu'au

mille nautique des pilotes grecs de la Méditerranée,
de 75 au degré, l'ancien mille romain. Ces mesures
différentes, comprises sous une seule et même dénomination, ont produit de la part des géographes
mêmes une masse énorme d'erreurs. Les dénominations anciennes mal appliquées contribuent quelquefois aussi à en augmenter le nombre. Nous avons
remarqué dans des relations de missionnaires le mot
stade employé pour les *werstes* de Russie, et les *li*
de la Chine.

C'est à démêler les erreurs et les confusions de ce
genre qui pourraient avoir eu lieu parmi les géographes de l'antiquité, que celui qui voudra rétablir la
carte antique s'attachera principalement. Quand il
aura établi la concordance des itinéraires anciens
avec la carte moderne, il ne faut pas que des ruines
antiques plus ou moins considérables, ou même
l'existence de lieux anciens, lui fassent déranger cette
concordance. Bien des lieux antiques existaient
dont on ne retrouve aucune mention dans les auteurs et dans les itinéraires : ceux-ci ne donnent
que les noms et les distances des grandes villes,
celles des stations ou lieux de relais des grandes
routes qui y conduisaient. Les ruines antiques, ou
les vestiges d'une ville ou d'un lieu considérable, ne
peuvent donc faire preuve contre l'exactitude des
mesures ni les entacher d'erreur, ou nécessiter leur
correction, que quand des documens historiques,

ou géographiques, nous révèlent le nom qui doit
être attaché à ces ruines ou aux vestiges de la ville
antique.

C'est lorsque la carte antique a été ainsi rétablie
d'après Ptolémée, les itinéraires et la Table, que
l'on retrouve facilement les positions des autres
lieux dont il n'a pas été fait mention dans ces monumens géographiques, qui sont mentionnés dans
les auteurs anciens, sur les médailles et sur les inscriptions. C'est alors aussi qu'on peut parvenir à
concevoir clairement l'importance des diverses divisions géographiques des peuples dont les anciens auteurs ont parlé; qu'on peut, d'après eux, marquer
leurs emplacemens et tracer leurs limites.

Les Delisle, les D'Anville, les Rennell, les Gosellin,
les Vincent, tous ceux qui ont voulu dresser des cartes
de géographie comparée, n'ont pas douté de la confusion des diverses mesures dans les écrits des anciens;
il n'y a que les savans qui de nos jours ont cru qu'on
pouvait faire de la géographie sans employer le compas qui aient voulu nier une vérité aussi évidente.
Ils supposent dans l'antiquité une uniformité de mesures qui serait vraiment admirable. Selon eux, il n'a
jamais existé chez les Grecs de mesures itinéraires,
sous le nom de stades, de différentes grandeurs;
il n'y eut jamais qu'un seul stade, le stade olympique. M. Gosellin, lui-même, qui a si bien démêlé
la confusion des différens stades chez les anciens,

pense que les Grecs n'ont pas soupçonné que les
mesures qui leur étaient données pouvaient être
exprimées en stades de différentes longueurs ; et
de là il conclut que ces différens stades sont des
stades purement astronomiques. Ainsi, dans son opinion, ce n'était point le stade, mais le degré, dont
les Grecs faisaient varier la grandeur. Sans doute
ceux qui substituaient un stade à un autre igno-
raient l'erreur qu'ils commettaient; car alors ils ne
l'auraient pas commise : mais que les anciens n'aient
pas su qu'il existait des mesures sous le nom de
stades dont les grandeurs étaient différentes; qu'ils
n'aient pas soupçonné qu'on pouvait commettre
beaucoup d'erreurs en géographie par la confusion
de ces mesures, voilà ce qui n'est pas exact; et il est
facile de démontrer le contraire par des textes irré-
cusables.

Indépendamment des diverses espèces de stades et
de milles mentionés par les anciens dont nous avons
rapporté des exemples, nous remarquerons que Cen-
sorinus, auteur grave et instruit, dit qu'il y a diverses
espèces de stades, et il cite en exemple l'olympique,
le pythique, l'italique, de 600, 625 et 1000 pas.
*Stadium autem in hac mundi mensura id potissi-
mum intelligendum est, quod italicum vocant, pedum* DCXXV, *nam sunt præterea alia longitudine dis-
crepantia : ut olympicum, quod est pedum* DC, *item
pythium pedum* M. Hérodote fait mention d'une cou-

dée de Samos égale à la coudée royale : par conséquent le stade de Samos devait être différent du stade olympique; Héron d'Alexandrie fait mention d'un pied et d'un stade philitérien ou royal différent du pied et du stade italique; enfin, Aulugelle dit, qu'indépendamment du stade olympique; il y a dans la Grèce même d'autres stades de 600 pieds, mais que ces pieds sont plus courts.

L'autre assertion, que les auteurs anciens ont ignoré qu'on pût commettre des erreurs en géographie par la confusion des mesures, est également réfutée par eux. Pline met au nombre des plus grandes causes d'erreurs en géographie les faux calculs des mesures, et le nombre des pas plus ou moins grands. *Magnos errores computatione mensuræ sæpius parit, alibi provinciarum modo, alibi itinerum auctis aut diminutis passibus.* Si Pline ne parle pas ici de stades, il en fait mention implicitément. Le pas chez les Romains était la mesure itinéraire génératrice de toutes les autres, et ce mot désigne d'une manière générale toutes les mesures quelconques, dés stades comme des milles. Le même auteur dit aussi que l'inégalité des mesures produit les contradictions entre les auteurs : c'est ainsi, ajoute-t-il, que les Perses admettent des schoenes et des parasanges de longueurs différentes. *Inconstantiam mensuræ diversitas auctorum facit, cum Persæ quoque schœnos et parasangas alii alia mensura determinent.*

Un savant voyageur anglais, qui a publié tout récemment un mémoire sur le stade, s'étonne que l'on
puisse supposer que les anciens aient pu donner la
longueur d'un pays ou d'un continent selon un stade
et la largeur selon un autre; et moi je serais fort sur-
pris si deux dimensions géographiques qui ont dû
provenir nécessairement d'élémens très différens,
dont l'un était maritime et l'autre terrestre, se trouvaient évalués selon un seul et même stade.

Je pourrais remplir des pages entières des erreurs
énormes commises par les compilateurs en géographie et par de vrais géographes, qui ont eu pour
cause la confusion des mesures; mais, pour démontrer
combien les fautes et les bévues les plus fortes en ce
genre sont faciles à commettre, combien l'intelligence
vive et constante des combinaisons géographiques
est chose rare, je rapporterai seulement deux exemples qui me dispenseront d'en citer d'autres.

Ces deux exemples concernent deux savans,
grands contempteurs de la géographie mathématique des anciens, grands panégyristes de celle des
modernes.

M. Barbié du Bocage, choisi par l'abbé Barthélemy
pour exécuter l'atlas de son Anacharsis, s'acquit une
juste réputation en géographie par la manière dont
il exécuta cette tâche. La Grèce en était l'objet principal. M. Barbié du Bocage ne cessa point de faire des
efforts pour perfectionner la géographie de cette con-

trée : à lui aboutissaient toutes les levées topographiques, les itinéraires des voyageurs et les journaux de navigation qui étaient relatifs à la Grèce ou à la Turquie d'Europe. Le gouvernement lui remit, en 1807, de nombreux documens sur la Morée et le chargea de dresser une carte semi-topographique de cette région, qui fut gravée. M. Pouqueville, quand il voulut publier son grand Voyage en Grèce, chargea M. Barbié du Bocage de mettre en œuvre tous les matériaux géographiques qu'il avait rassemblés sur cette contrée. Dans l'avertissement du premier volume, qui parut avant tous les autres, il est dit que ces matériaux sont si considérables que, n'ayant pu les employer tous dans le Voyage, M. Barbié du Bocage se proposait de publier dans le plus grand détail une topographie générale de la Grèce.

Le cinquième volume de cet ouvrage ne put pas paraître à l'époque annoncée par le prospectus, parce que M. Barbié du Bocage faisait attendre pour la carte générale de Grèce, qui était le résumé des études des travaux d'une vie presque uniquement consacrée à ce seul objet. M. Barbié du Bocage venait de publier dans le *Journal Militaire,* imprimé aux frais du département de la guerre, un historique des projections. Sa carte générale de Grèce pour le voyage de M. Pouqueville fût enfin terminée et annoncée sur le titre comme le résultat des observations d'un grand nombre de voyageurs et de navigateurs, comme assujettie aux dernières observations astronomiques. Un géographe, ami de M. Pouqueville, à qui celui-ci avait remis une épreuve de cette carte si bien et, si soigneusement gravée, s'étonne de voir prendre à une contrée qui lui est connue une forme si alongée; il en cherche la cause, et il découvre facilement que, par une inconcevable distraction, M. Barbié du Bocage avait dessiné la Grèce sous une projection calculée pour la latitude moyenne de 45° au lieu de 40°, ou, en d'autres termes, qu'il avait transporté Constantinople sous la latitude de Paris; de sorte que dans cette carte les intervalles entre les méridiens sont trop courts d'un neuvième : c'est précisément le genre d'erreur dont le savant voyageur anglais nie la possibilité chez les anciens. Dans cette carte, selon les chiffres de la graduation, les lieux sont assujettis astronomiquement à leurs véritables positions, mais le stade qui peut servir à mesurer la longueur du nord au sud est différent de celui qui sert à obtenir la largeur de l'est à l'ouest.

On fit remarquer cette erreur à M. Barbié du Bocage, qui fut obligé d'en convenir. Il était impossible de la corriger; le volume, long-temps retardé à cause de cette carte, parut avec elle, mais sans l'analyse géographique qui avait été promise dans l'avertissement du premier volume. M. Pouqueville eut le bonheur de pouvoir donner peu de temps après une seconde édition de son voyage. Il supprima la carte de la première édition, et en fit dresser une autre par un célèbre géographe, à qui nous avions été assez heureux pour faire comprendre l'importance de l'emploi des itinéraires anciens, et qui en a fait depuis un si utile usage.

Passons à M. Delambre. Ce grand astronome, dans son *Histoire de l'Astronomie ancienne* (t. 2, p. 556), entreprend de parler de la géographie de Ptolémée. Il ne discute nullement la théorie de M. Gossellin à ce sujet, qu'il connaissait très bien : nous en avons la preuve par un Mémoire manuscrit, qui est entre nos mains, où M. Delambre cherche à réfuter cette théorie, Mémoire composé à la prière de M. Gossellin lui-même. M. Delambre procède plus dédaigneusement. Il veut prouver par la comparaison des cartes de Ptolémée et des cartes modernes que toutes les latitudes et les longitudes de Ptolémée sont fausses. Ce qui assurément, si on se rappelle tout ce que nous avons dit, ne devait pas paraître difficile, ni demander beaucoup de calcul. Mais M. Delambre, sans faire aucune mention des travaux des autres sur ce sujet, veut calculer; il veut faire de la géographie comparée. En conséquence, il dit, p. 544 : « Nous extrairons les positions des lieux les plus célèbres, et dont l'identité avec les lieux connus aujourd'hui ne peut laisser aucune équivoque. »

Et voici une portion de son étrange liste, eu nous

renfermant dans la Gaule, le pays de l'auteur, celui qu'il devait le mieux connaître :

Aginnum, Angoulême ;
Augusta Nemetum, Nevers ;
Ratiastum, Limoges ;
Aqua Augusta, Bayonne ;
Atuatucum, Anvers ;
Ruessium, Saint-Flour ;
Acusiorum Colonia, Grenoble ;
Bagunum, Tournay ;
Rigiacum, Arras.

M. Delambre se donne ensuite la peine de relever la longitude et la latitude de ces lieux de Ptolémée dans l'ouvrage même de cet ancien, et de rechercher dans la *Connaissance des temps* et sur les cartes modernes la longitude et la latitude des lieux modernes qu'il y fait correspondre. Puis il calcule les différences, et il ajoute d'un air triomphant (t. 1, p. 544) : « En voici plus qu'il ne faut pour convaincre tout lecteur non prévenu que la géographie des anciens n'offre aucune position sur laquelle on puisse compter. » On reste confondu en trouvant de si lourdes bévues, débitées avec une telle assurance, dans les ouvrages d'un homme si justement célèbre, si éminent dans la science, surtout lorsqu'on sait que, sans se donner la peine de recourir aux savans ouvrages des Valois ou des D'Anville, le Dictionnaire latin qu'on met dans les mains des écoliers, ou le moindre traité de géographie, suffisait à M. Delambre pour les éviter.

Si j'ai tant insisté sur ces considérations, c'est qu'elles sont essentielles pour justifier la méthode que j'ai constamment employée dans les plus grands travaux littéraires dont je me suis occupé.

Persuadé que la géographie ancienne, comme la moderne, pouvait s'appuyer sur des déductions mathématiques, j'ai d'abord soumis à une analyse géographique tous les environs de Rome et toute l'Italie centrale, afin d'obtenir par ce moyen une exacte détermination du mille romain, ou sa valeur moyenne établie par la comparaison d'un grand nombre de distances données dans les itinéraires anciens comparées avec celles de nos cartes modernes. Ce travail n'a jamais été publié; il a été imprimé pourtant sous format in-4°, et avec un luxe typographique que je regrette bien de n'avoir pu donner à l'ouvrage que je publie aujourd'hui. M. le comte de Tournon, dans son estimable ouvrage sur la statistique du département de Rome, en a donné un extrait.

Les travaux de la commission d'Égypte m'ont ensuite permis de donner, sans beaucoup d'efforts, un assez grand degré de perfection à l'analyse géographique des itinéraires anciens de l'Égypte. Cet ouvrage était terminé, et, après avoir été soumis à la censure (telle était la liberté de la presse dans ce

temps si vanté de Napoléon), il allait être livré à
l'imprimeur, lorsque les événemens qui survinrent
me forcèrent à en suspendre l'impression ; mais
j'avais fait tirer cent épreuves des deux cartes de géographie comparée qui devaient accompagner ce volume : l'une était la carte de l'Égypte, l'autre une
carte particulière du Delta. Des épreuves de ces deux
cartes furent déposées à la Bibliothéque du Roi, et
offertes à l'Académie des Inscriptions ; le reste fut
donné à tous ceux qu'elles pouvaient intéresser.

A la même époque, je fis graver une carte de *Cor-
sica antiqua*, pour accompagner un Mémoire sur la
géographie ancienne de cette île, qui est aussi resté
manuscrit.

Des Mémoires accompagnés de cartes sur les itinéraires anciens de la Perse, et sur les connaissances
géographiques au sud-est de l'Asie, ont été lus à l'Académie des Inscriptions, et il en a paru des extraits
dans les comptes rendus des travaux de cette Académie, à l'époque où elle n'avait pas perdu l'utile usage
de publier ces comptes rendus.

L'analyse géographique des itinéraires de l'Inde
n'a point été lue encore à l'Académie, mais ce Mémoire a été communiqué à sir William Ouseley et à
sir John Malcolm, connus par de beaux ouvrages sur
l'Orient. L'approbation qu'ils donnèrent à ce Mémoire était suffisamment attestée par le désir qu'ils
me témoignèrent de le voir achevé et mis au jour :

c'est sans doute à cette circonstance que l'on doit une sorte de notice de mes travaux, encore manuscrits, sur la géographie qui parut dans un des numéros du *Classical journal.*

Le dernier Mémoire que j'ai composé sur cette géographie ancienne, qui a eu tant d'attrait pour moi, est pour déterminer les limites du monde connu des anciens. C'est sans contredit le plus important de tous par son objet, et je crois aussi par ses résultats ; mais s'il voit jamais le jour, ce ne peut être qu'après tous les ouvrages du même genre que j'ai composés, et dont il forme le complément.

Mais parmi les ouvrages sur la géographie ancienne qui m'ont le plus long-temps occupé, je dois surtout placer l'*Analyse géographique des Itinéraires anciens pour les Gaules cisalpine et transalpines* : ce pénible travail venait d'être terminé, lorsque l'Académie des Inscriptions et Belles-Lettres proposa, pour le prix qu'elle devait adjuger en 1811, la question suivante :

Rechercher quels ont été les peuples qui ont habité les Gaules cisalpine et transalpine, aux différentes époques de l'histoire antérieures à l'année 410 de Jésus-Christ. Déterminer l'emplacement des villes capitales de ces peuples et l'étendue du territoire qu'ils occupaient ; les changemens qui ont eu lieu dans les divisions des Gaules en provinces.

La réponse à ces questions fut *la Géographie*

ancienne, historique et comparée des Gaules ci-salpine et transalpine, que je publie aujourd'hui, sans changement très notable, et telle qu'elle fut présentée à l'Académie, qui lui adjugea le prix il y a vingt-huit ans.

J'ai joint à cet ouvrage un extrait de mon *Analyse géographique des Itinéraires anciens pour les Gaules cisalpine et transalpine*. Le format de cette édition m'a forcé de supprimer la colonne des mesures en toises ou palmes, telles qu'elles résultaient des cartes topographiques ; ce qui indiquait avec une rigoureuse précision l'intervalle des villes et des stations anciennes en fractions de mille, que ne donnent jamais les itinéraires ni la Table.

J'ai été aussi obligé de supprimer, par le même motif, la colonne d'observations qui contient le détail de tous les lieux modernes où passe la route, et celui des accidens du terrain qui l'allongent ou l'abrégent.

Les différens itinéraires d'une même route se trouvent, dans mon ouvrage manuscrit, placés à côté les uns des autres, de manière à ce que les mêmes noms sont sur les mêmes lignes ; mais ils ont dû, à cause du format, être imprimés à la suite les uns des autres. J'ai seulement eu soin de ranger ces itinéraires sous un même numéro, et de les marquer d'un astérisque, pour indiquer au lecteur qu'ils sont arrangés de manière à ce que les noms des stations et les distances se correspondent et se confirment mutuellement.

Mon Analyse géographique des itinéraires anciens des Gaules cisalpine et transalpine contient un Mémoire séparé pour chaque route, accompagné d'une carte spéciale de cette route. Je ne publie ici que le tableau des distances qui termine chacun de ces Mémoires. Dans ceux-ci, je discute et je justifie les combinaisons géographiques dont les tableaux ne sont que les résumés. Je réfute toutes les combinaisons contraires qu'on a essayées, et dont j'ai eu connaissance, soit par des ouvrages imprimés, soit par des Mémoires manuscrits. Je fais connaître tous les monumens anciens ou du moyen âge qui confirment les positions déterminées par les mesures itinéraires, et je passe en revue les lieux les plus anciens du moyen âge qui peuvent éclairer la topographie antique des Gaules.

Il n'en est pas de cet ouvrage sur les itinéraires anciens comme de la Géographie historique que je publie, à laquelle j'ai trouvé, après plusieurs années écoulées, peu d'additions à faire. Les travaux nombreux des antiquaires locaux m'ont forcé d'ajouter sans cesse d'intéressans détails à ceux que j'avais recueillis pour cette Analyse géographique. Elle est trop volumineuse pour être publiée telle qu'elle a été rédigée, quoique cependant cela serait utile. Il serait peut-être préférable de la rédiger sous la forme

III.   e

d'une Notice alphabétique ou d'un Dictionnaire. J'avais commencé à exécuter ce projet, mais cette transformation exigerait un assez grand labeur, et j'ai déjà perdu tant d'années aux poursuites de l'érudition, qu'à l'âge où je suis arrivé, il vaut mieux peut-être songer à faire un meilleur emploi du peu de jours que la Providence peut me réserver encore.

Ainsi, en supposant que, nonobstant ses nombreuses et fortes préoccupations, le public se montrât disposé à encourager mes efforts, je suis puni du peu d'empressement que j'ai mis à rechercher ses suffrages dans cet âge où ils sont d'un si grand prix, par l'impuissance où je me trouve de pouvoir, même dans ce cas, prendre aujourd'hui aucun engagement envers lui, pour la publication des travaux qui m'auraient acquis le plus de titres à sa bienveillance.

ANALYSE GÉOGRAPHIQUE

DES

ITINÉRAIRES ANCIENS

POUR

LES GAULES

CISALPINE ET TRANSALPINE.

* 1. Itinéraires de Faventia (*Faenza*) à Mediolanum (*Milan*), à Bergamum (*Bergame*), et à Patavium (*Padoue*).

Itinéraire d'Antonin. Wesseling, p. 126.	Milles romains.	Cartes modernes de Bacler d'Albe.	Milles romains.	Itinéraire de Jérusalem. Wesseling, p. 616.	Milles romains.	Cartes modernes.	Milles romains.
Faventia civitas...	»	Faenza.........	»	Civitas Faventia..	»	Faenza.........	»
Foro Cornelii civit.	10	Imola.........	10	Civitas Foro Corneli.........	10	Imola.........	10
....	...	....	...	Civitas Claterno...	13	Maggio et Quaderna.........	13
Bononia civitas...	24	Bologne........	23½	Civitas Bonouia...	10	Bologne........	10
....	...	....	...	Mutatio ad Medias.	15	Manzolino sur la route.........	15
....	...	....	...	Mutatio Victuriolas.	10	Modène.........	10
Mutina civitas....	25	Modène.........	25	Civitas Muteua...	3	Modène près Brescula, extrémité du territoire de la ville.........	2½
....	...	....	...	Mutatio Ponte Species.........	5	Passage de la Secchia à Rubiera..	5
Regio civitas.....	18	Reggio.........	17½	Civitas Regio.....	18	Reggio.........	10
....	...	....	...	Mutatio Canneto..	10	Un mille avant S.-Ilario, ou 1 mille avant Teuero, entre Campeggio et Tenero.........	10
Parma civitas....	19	Parme..........	18	Civitas Parmæ...	8	Parme........	8
....	...	....	...	Mutatio ad Turum........	7	Castel Guelfo....	7½
Fidentiola vicus (confondu avec Florentia)....	20	S.-Donino (confondu avec Fiorenzola [1]).......	20	Mansio Fideutiæ..	8	S.-Donino.......	7½
....	...	....	...	Fonteclos........	8	Fontana.........	10
Placentia civitas..	24	Piacenza, au nord du Pô........	24	Placentia........	13	Plaisance........	13
....	...	....	...	Mutatio ad Rota..	11	Orio...........	11
....	...	....	...	Mutatio Tribus Tabernis........	5	Borghetto.......	5
Laude civitas....	24	Lodi vecchio....	24	Civitas Laude....	9	Lodi vecchio....	8½
....	...	....	...	Mutatio ad Nonum.	7	Melegnano......	7
Mediolanum civitas.........	16	Milan, au centre..	16	Mediolanum, à partir de Fluvio Frigido à la porte orientale......	7	Milan, aux murs actuels.......	9
....	...	....	...	Mutatio Argentia..	10	S.-Agata........	10
....	...	....	...	Mutatio Ponte Aurioli,.........	10	Poutirolo.......	10

[1] On ne devrait donc compter que 15 milles au lieu de 20.

* 1. *Itinéraires de* FAVENTIA (*Faenza*) *à* BERGAMUM (*Bergame*) *et à* PATAVIUM (*Padoue*).

Itinéraire d'Antonin. Wesseling, p. 100. Lu à rebours.	Milles romains.	Cartes modernes.	Milles romains.	Table Théodosienne, segm. 3.	Milles romains.	Cartes modernes, f. 1 et 6.	Milles romains.
Faventia.........	»	Faenza.........	»	Faventia.........	»	Faenza.........	»
				Sinnium fluv......	3	Senio Fluv. S.-Pro-calo.........	5
Foro Corneli.....	10	Imola.........	10	Foro Corneli. ...	6	Imola.........	5
				Silarum fluv......	7	Silaro, Torrente S.-Pietro......	6 ½
....	...	....	...	Claterna.........	7	Maggio et Quaderna...........	6 ½
				Isex fluvius......	6	Idice...........	4
Bononia civitas...	24	Bologne........	23 ½	Bononia.........	4	Bologne au mur occidental.......	6
....	...	....	...	Foro Gallarum ...	17	Donino et Castel-Franco........	17
Mutina civitas....	25	Modène........	25	Mutina.........	8	Modène........	8
....	...	....	...	....	...	....	...
Regio civitas.....	18	Reggio.........	17 ½	Lepidoregio.....	17	Reggio.........	17 ½
....	...	....	...	Tanneto.........	11	S.-Ilario........	11
Parma civitas....	18	Parme.........	18	Parma (II *lisez* VII).	7	Parme.........	7
....	...	....	...	....	...	....	...
Fidentiola.......	15	S.-Donino.......	15	Fidentia........	15	S.-Donino.......	15
				Florentia, confondu avec Fonteclos.........	10	Fiorenzuola, confondu avec Fontana........	10
Placentia........	24	Piacenza, au nord du Pô........	24	Placentia........	15	Piacenza, au nord du Pô........	15
....	...	....	...	....	...	....	...
....	...	....	...	....	...	....	...
Laude civitas. ...	24	Lodi vecchio. ...	24	Laude Pompeia...	20	Lodi vecchio. ...	24
....	...	....	...	....	...	....	...
Mediolano.......	16	Milan.........	16	Mediolano......	16	Milan.........	16
				Como (XXXV *corrigez* XXV)......	25	Côme, sur le lac Côme........	25

Itinéraire d'Antonin. Wesseling, p. 127.	Milles romains.	Cartes modernes.	Milles romains.	Itinéraire de Jérusalem. Wesseling, p. 558.	Milles romains.	Cartes modernes.	Milles romains.
Bergomo civitas...	33	Bergame.......	33	Civitas Vergamo..	13	Bergame.......	13
....	...	....	...	Mutatio Tellegatæ.	12	Telgale.........	12
....	...	....	...	Mutatio Tetellus..	10	Rovato.........	10
Brixia civitas....	38	Brescia, par la route de Chiari....	35	Mutatio Brixia....	10	Brescia.........	10
....	...	....	...	Mausio ad Flexum.	11	Bedizzole ou S.-Marco, au passage de la Chiese..	11
Sirmione Mansio..	22	Sirmione et Grotte di Catulo......	22	Mutatio Beneventium........	10	Bettola, sur le lac Garda........	10
....	...	....	...	*Station omise.....*	10	*S.-Giorgio......*	10
Verona civitas '...	23	Vérone........	23	Civitas Verona...	10	Vérone........	10
....	...	....	...	Mutatio Cadiano..	10	Calderino.	10
....	...	....	...	Mutatio Aureos...	10	S.-Ambrosio au sud de Monte-Sello ou Tarossa. ...	10
Vicentia civitas...	33	Vicenza........	33	Civitas Vincentia..	11	Vicenza........	11
....	...	....	...	Mutatio ad Finem.	11	Vigiano........	11
Patavis civitas (xxvii *corrigez* xxii)..	22	Padova........	22	Civitas Patavi....	10	Padova au milieu..	10

' Variante d'après le Ms. 4807.

Table Théodosienne, segm. 3.	Milles romains.	Cartes modernes.	Milles romains.
Bergomum [1]	29	Bergame	29
Brixia	35	Brescia	35
Ariolica	32	Peschiera	30
Veroua	13	Vérone	$13\frac{1}{2}$
Vicena	33	Vicenza	33
Patavis	22	Padova à l'extrémité	22

[1] La table qui trace une route entre Côme et Bergame, ne donne pas la distance, parce que Leuceris, qui se trouvait entre ces deux lieux a été transposé.

2. *Itinéraire de* Faventia (*Faenza*) *à* Parma (*Parme*) *et à* Dertona (*Tortone*).

Itinéraire d'Antonin. Wesseling, p. 287.	Milles romains.	Cartes modernes.	Milles romains.
Faventia.........	...	Faenza..........	...
Foro Corneli. ...	10	Imola..........	10
Claterna.........	13	Maggio et Quaderna.........	13
Bononia.........	10	Bologne.........	10
....	...	....	...
....	...	....	...
Mutina.........	25	Modène.........	25
....	...	....	...
Regio.........	18	Reggio.........	18
Tanneto.........	10	Taneto.........	10
Parma [1].........	8	Parme.........	8
....	...	....	...
Fidentia.........	15	S.-Donino.........	15
Florentia, confondu avec Fouteclos	10	Florenzola, confondu avec Fontana.	10
Placentia.........	15	Piacenza, au nord du Pô.........	15
Comillomago. ...	25	Passage de la rivière entre Broni et Vescovera.....	25
Iria............	16	Voghera.........	16
Dertona.........	10	Tortone.........	10

Itinéraire de Jérusalem. Wesseling, page 616.	Milles romains.	Cartes modernes.	Milles romains.
Civitas Faventia...	...	Faenza..........	...
Civit. Foro Corneli.	10	Imola..........	10
Civitas Claterno..	13	Maggio et Quaderna...........	13
Civitas Bononia..	10	Bologue.........	10
Civitas ad Medias.	15	Mauzolino, sur la route.........	15
Mutatio Vitturiolas.	10	Modène.........	10
Civitas Mutina...	3	Modène, près Brescula..........	2½
Mutatio Ponte Species..........	5	Passage de la Secchia à Rubiera..	5
Civitas Regio....	8	Reggio.........	10
Mutatio Canneto..	10	Taneto.........	10
Civitas Parmæ...	8	Parme..........	8
Mutatio ad Turum.	7	Castel Guelfo....	7½
Mansio Fidentiæ..	8	S.-Donino........	8
Mutatio ad Fonteclos..........	8	Fontana.........	10
Civitas Placentia..	13	Plaisance........	13

3. *Itinéraire de* Comum (*Côme*) *à* Brixia (*Brescia*) *par* Bergamum (*Bergame*).

Table théodosienne, segm. 3.	Milles romains.	Cartes des Alpes, de Raymond, feuilles 3 et 6.	Milles romains.
Como....................	...	Côme....................	...
Leuceris [2]...................	20	Lecco, sur le lac de ce nom.....	20
Bergomum (*répétez la distance* xx).	20	Bergame, par la route actuelle en passant l'Adda Ponte di S.-Pietro.	20
Brixia....................	35	Brescia....................	35

[1] Variante du Ms. 7230 A.

[2] Voyez ci-dessus, la note de la page 5; c'est cette répétition qui a causé l'erreur du copiste de la table.

4. *Route d*'ARIMINUM (*Rimini*) *à* FAVENTIA (*Faenza*).

Itinéraire d'Antonin. Wesseling, page 287.	Milles romains.	Cartes modernes de Bacler d'Albe.	Milles romains.
Arimino	...	Rimini	...
Curva Cæsena	20	Césène	20
Foro Livi	13	Forli	12
Faventia	10	Faenza	10

5. *Itinéraire de la route de* PATAVIUM (*Padoue*) *à* AQUILEIA (*Aquilée*).

Itinéraire de Jérusalem. Wesseling, page 559.	Milles romains.	Carte moderne.	Milles romains.	Itinéraire d'Antonin. Wesseling, p. 281.	Milles romains.	Cartes modernes.	Milles romains.
Civitas Patavi	...	Padoue	...	Patavis	...	Padoue	...
Mutatio ad Duodecimum	12	Près Mirano	12				
Mutatio ad Nonum	11	Santa-Croce	11				
Civitas Altino	9	Altino dirutto	9	Altinum	32	Altino dirutto	32
Mutatio Sanos	10	Fossata	10				
Civitas Concordia	9	Concordia	9	Concordia	31	Concordia	30
Mutatio Apicilia	8	Lattisana	9				
Mutatio ad undecimum	10	Zillina	10				
Civitas Aquileia	11	Aquilée	11	Aquileia	31	Aquilée	30

6. *Route d*'ARIMINUM (*Rimini*) *à* AQUILEIA (*Aquilée*).

Table de Peutinger, segm. 4.	Milles romains.	Carte de la Lombardie, par Zannoni, 4 feuilles.	Milles romains.
Ariminio	...	Rimini	...
Rubico F.	12	Fiumesino	12
Ad Novas	3	Cesenatico	3
Sabis (sive Sapis)	11	Osteria del Savio	11
Ravenna	11	Ravenue	11
Butrio (VI *corrigez* XI)	11	S.-Alberto	11
Augusta (VI *corrigez* XI)	11	Salle di Agosta	11
Sacis ad Padum	12	Lago Santo	12
Neroma (sive Neronia)	4	Guiliola	4
Corniculani	6	Sur le canal Ipolito	6
Radriani	6	Ariano Vecchio	6
Maria	7	Près Contarina	7
Fossis	6	Ternova	6
Evrone (alias Edrone Portus)	18	Codevigo	18
Mino Meduaca (Meduaco Minor)	6	Licornio	6
Majo Meduaco (Meduaco Major)	6	Seriola, sur l'embouchure de la Brenta	6
Ad Portum (sive Portum Venetum)	3	Portesine	3
Attino	16	Attino dirutto	16
Concordia	30	Concordia	30
Aquileia	30	Aquilée, ruines	30

*7. *Itinéraire de la route* d'AQUILEIA (*Aquilée*) à POLA (*Pola*) et à TARSATICUM (*Thersat*).

Table Théodosienne, segm. 4.	Milles romains.	Carta dell' Istria, riveduta e aumentata dal reggio ingegnere Ant. Cappellari, 1803.	Milles romains.
Aquileia.................	...	Aquilée..................	...
Fonte Timavi.	14	Timao, près de Castel.........	12
....	...	....	...
....	...		...
Parentio..................	48	Parenzo, en suivant la côte et passant par Pirano............	48
Pola....................	30	Pola, en ligne droite et par Rujal.	30
Portus Planaticus...........	6	Porto Malagata.............	7½
Arsia Flumen.	8	Embouchure de la rivière Arsia à Castel Vecchio.	7½
Alvona..................	12	Albona, en ligne directe........	12
Tarsatico................	25	Thersat, près de Fiume........	25

---

*7. *Itinéraire de la route* d'AQUILEIA (*Aquilée*) à TERGESTE (*Trieste*) et à POLA (*Pola*).

Itinéraire d'Antonin. Wesseling, page 270.	Milles romains.	Carta dell' Istria, riveduta et aumentata dal reggio ingegnere Ant. Cappellari, 1803.	Milles romains.
Aquileia, ruines.	...	Aquileia..................	...
Fonte Timavi.	12	Porto Timao...............	12
Tergeste..................	12	Trieste...................	14
Ningum..................	28	Porto di Omago, par la route moderne en passant à Capo d'Istria, puis droit à Villa Vecchia.....	28
Parentium................	18	Parenzo, en passant la mer au canal di Lemo...............	18
Polam...................	31	Pola....................	31

---

8. *Itinéraire de la route* d'AQUILEIA (*Aquilée*) à THARSATICUS (*Thersat*).

Itinéraire d'Antonin. Wesseling, page 272.	Milles romains.	Cartes modernes de Bacler d'Albe.	Milles romains.
Aquileia..................	...	Aquileia.................	...
Fonte Timavi.............	12	Porto Timavo.............	12
Avesica.	12	Basavisa.................	12
Ad Malum (XIX *corrigez* IX).....	9	Kufin...................	9
Ad Titulos...............	17	Starada..................	17
Tarsatico................	17	Thersat, près de Fiume........	17

9. *Itinéraire de la route de* VERONA (*Vérone*) *à* BONONIA (*Bologne*).

Itinéraire d'Antonin. Wesseling, p. 282.	Milles romains.	Carte du Stato di Venezia, 1806, par le baron de Zach; et carte de Bacler d'Albe.	Milles romains.	Table Théodosienne, segm. 3.	Milles romains.
Verona..............	...	Vérone............	...	A Veroua Hostilia milia passus..........	33
Hostilia...........	30	Ostiglia..........	30		
Colicaria (xxv *corrigez* xv).........	15	Crevalcuore.......	15½		
Mutina...........	25	Modène...........	25		
Bononia...........	25	Bologue..........	25		

10. *Itinéraire de la route de* VERONA (*Vérone*) *à* BONONIA (*Bologne*), *selon une seconde combinaison.*

Itinéraire d'Antonin. Wesseling, page 282.	Milles romains.	Carte du Stato di Venezia, 1806, par le baron de Zach; et carte de Bacler d'Albe.	Milles romains.
Verona.....................	...	Veroua...................	...
Hostilia..................	30	Ostiglia.................	30
Colicaria.................	25	Crevalcuore..............	25
Bononia (xxv *corrigez* xviii).....	18	Bologna.................	18½
Mutina (en transposant le nom)...	25	Modène.................	25

11. *Itinéraire de la route de* CREMONA (*Crémone*) *à* BONONIA (*Bologne*).

Itinéraire d'Antonin. Wesseling, page 282.	Milles romains.	Carte du Stato di Venezia, 1806, par le baron de Zach; et carte de Bacler d'Albe.	Milles romains.
Cremona....................	...	Crémone.................	...
Brixello...................	30	Bresello................	30
Regio (xl *lisez* xx)...........	20	Reggio.................	20
Mutina [1].................	17	Modène................	17
Bononia...................	25	Bologna...............	25

[1] Variante d'après le Ms. 7230 A.

12. *Itinéraire de la route de* Patavium (*Padoue*) *à* Bononia *(Bologne), selon deux itinéraires mélangés, rétablis dans leur exactitude primitive.*

Les itinéraires d'Italie qui se trouvent à la page 281, 282, 283 et 284 de l'itinéraire d'Antonin ont été tellement brouillés et ont essuyé de tels déplacemens que l'ordre des noms et les distances y paraissent comme placés au hasard. Pour démêler toutes ces erreurs et leurs causes, nous avons d'abord commencé par tâcher de trouver la véritable position de chaque lieu d'après les monumens du moyen âge et l'histoire, et nous avons ensuite cherché les combinaisons des distances qui s'accordent avec les chiffres qui accompagnent les noms dans l'itinéraire.

13. *Extrait de la route d'*Aquileia (*Aquilée*) *à* Bononia *(Bologne), avec les noms modernes correspondans.*

Itinéraire d'Antonin. Wesseling, page 281.	Milles romains.	Noms modernes correspondans.
Patavis.	...	Padoue.
Ateste.	25	Este.
Anneiano	20	Montagnano.
Vico Variano	18	Vigarano, à 5 milles à l'ouest de Ferrare.
Vico Serpino.	20	Sermido, sur les bords du Pô vis-à-vis Massæ.
Mutina.	23	Modène.
Bononia.	18	Bologne.

Si actuellement nous examinons attentivement la position de ces différens lieux, il paraîtra évident que la route de l'itinéraire partant de Padoue pour arriver à Bologne n'a pas dû passer par Modène ; et, comme il y a excès dans les mesures données par l'itinéraire, il est probable que l'on a mélangé ici ensemble deux itinéraires, l'un de Padoue à Modène, l'autre de Padoue à Bologne. Cette probabilité se change en certitude lorsque l'on observe qu'Este ou *Ateste* et Vigarano ou *Vico Variano* se trouvent sur la direction de la route de Padoue à Bologne et non sur celle de Padoue à Modène, ainsi que le voudrait l'ordre de ces noms dans l'itinéraire. Voici donc de quelle manière on doit établir ces deux itinéraires :

*14. *Route de* PATAVIS (*Padoue*) à BONONIA (*Bologne*).

Itinéraire d'Antonin. Wesseling, p. 281.	Milles romains.	Itinéraire d'Antonin. Wesseling, p. 2S2.	Milles romains.	Cartes modernes.	Milles romains.
Patavis,.........	...	Patavis,.............	...	Padoue..........	...
Ateste..........	25	Ateste (en permutant avec la distance suivante)...	20	Este............	20
Anejano........	20	....	...	....	...
Vico Variano....	18	Vico Variano (xviii *lisez* xxviii).............	28	Vigariano.......	28¼
Vico Sernino.....	20	....	...	....	...
Mutina..........	23	....	...	....	...
Bononia.........	18	Bononia(*corrigez* xxviii)..	28	Bologne.........	2S

*14. *Route de* PATAVIS (*Padoue*) à MUTINA (*Modène*).

Itinéraire d'Antonin. Wesseling, page 282.	Milles romains.	Cartes modernes.	Milles romains.
Patavis,....................	...	Padoue....................	...
....	...	....	...
Annejano (en permutant avec Este ou en transportant de la p. 184).	25	Montagnano..............	25
....	...	....	...
Vico Sernino.............	20	Sermido..................	20
Mutina (xxiii *lisez* xxxiii).....	33	Modène..................	33
....	...	....	...

Ce qui, je crois, aura le plus contribué au mélange des deux itinéraires et aux fautes qui s'y trouvent, ce sont les routes de traverse qui me paraissent avoir existé et qui existent encore aujourjourd'hui entre *Vico Variano* ou Vigariano et *Annejano* ou Montegnano; entre *Vico Variano* ou Vigariano et *Sernino* ou Sermido. En effet, remarquez que la distance de *Vico Variano* avec *Ateste* ou Este était, à un mille près, la même qu'avec *Annejano*. Il paraissait donc indifférent de la placer après l'un ou après l'autre de ces deux lieux. De même, la distance de *Vico Sernino* était la même avec Annejano comme avec *Vico Variano*; il semblait donc indifférent de le placer avec l'un ou l'autre de ces lieux : de là sera provenu toute la confusion.

Ceci nous démontre qu'il existait anciennement comme aujour-

d'hui, les routes de traverse suivantes, dont nous allons présenter
le tableau :

Itinéraire d'Antonin. Wesseling, p. 281.	Milles romains.	Cartes modernes.	Milles romains.	Observations.
Annejano........ ...	...	Montagnano......	...	
Vico Variano (xviii *lisez* xxviii)...	28	Vigo Variano. ...	28	La route passait par Trecenta et Castel Baldo.
Vico Sernino.....	20	Sermido........	20	La route passait par Lette, suivait le Panaro jusqu'à sa jonction avec le Pô, et ensuite la rive méridionale du Pô.

On doit observer, au sujet des deux dernières distances, que
le manuscrit royal, un des plus anciens, porte *Mutina* xiii et *Bononia* xviii : or, ces deux chiffres répondent précisément à deux
combinaisons de la route suivante, et ont probablement ici leur
origine dans une transposition faite par les copistes.

15. *Itinéraire de la route de* FAVENTIA (*Faenza*) *à* LUCA (*Lucques*).

[Itinéraire d'Antonin. Wesseling, pages 283 et 284.	Milles romains.	Carte de la Lombardie, par Zannoni.	Milles romains.
Faventia........................	...	Faenza........................	...
In Castello (xxv *corrigez* xv)....	15	Corte, au midi de Fognano......	15
Anneiano.....................	25	Agnano, près de Dicomano.	25
Florentia....................	20	Firenze, par la route moderne de Pontasieve.................	20
Pistoris.....................	25	Pistoia.......................	25
Luca........................	25	Lucca........................	25

16. *Route de* PARMA (*Parme*) *à* LUCCA (*Lucques*) *donnée en une seule distance.*

Itinéraire d'Antonin. Wesseling, page 284.	Milles romains.	Cartes modernes.	Milles romains.
Inter a Parma................	....	De Parme.....................	...
Lucam.....................	100	A Lucca, par la route actuelle des montagnes.................	95

17. *Itinéraire de la route de* MEDIOLANUM (*Milan*) *à* HOSTILIA (*Ostiglia*).

Table Théodosienne, segm. 3.	Milles romains.	Carte de Bacler d'Albe, et carte de Venise, par le baron de Zach.	Milles romains.
Mediolanum......................	...	Milan.........................	...
Laude Pompeia................	16	Laude Vecchio...............	16
Accerras......................	22	Gera Pizzighitone............	22
Cremona......................	13	Crémone.....................	13
De Loriaco...................	22	Casal Romano................	22
Mantua.......................	...	Mantoue......................	...
Hostilia......................	40	Ostiglia, en passant par Mantoue.	40

18. *Itinéraires de plusieurs routes de* LUCCA (*Lucques*) *à* PISA (*Pise*) *et à* FLORENTIA (*Florence*).

PREMIER TRACÉ.

Wesseling, p. 289, selon le Ms. royal, ou par la route.	Milles romains.	Cartes modernes de Bacler d'Albe.	Milles romains.
Iter a Luca Pisas...............	10	De Luca (pris au Serchio) à Pise.	10
....	...	....	...
La même route, selon l'édition de Wess., p. 289, ou par eau par le Serchio.			
A Luca Pisas..................	12	De Luca à Pise par le Serchio, route qui allait à Settimo......	12
A Luca Pisas ou Pisanus Vicus...	12	De Lucca à Vico Pisano........	12
Ibid. Wesseling, page 289.			
Iter a Luca Lunam............	33	De Lucca à Luni, en ligne droite..	33
Ibid. Wesseling, page 285.			
Luca............................	...	Luca............................	...
....	...	....	...
Pistoris......................	25	Pistoja, par la route...........	25
....	...	....	...
....	...	....	...
Florentia......................	25	Florence, par la route de Prato..	$24\frac{1}{2}$

DEUXIÈME TRACÉ.

Table Théodosienne, segm. 3.	Milles romains.	Cartes modernes.	Milles romains.
Luca........................ ...		Lucca, du centre de la ville...... ...	
Pisis.....:..................,	9	Pise, au centre de la ville.......	9
.,.............................. ...		....	
....		....	
Ibid.			
Luca Foro Claudii............. ...		De Lucca à Pietra Santa........	17
Lune.	16	De Pietra Santa à Lune.	16
Ibid.			
Luca...................... ...		Lucca...................... ...	
Ad Martis..................	12	Massa......................	16
Pistoris....................	8	Pistoja.....................	8
Hellana.	6	Agliana et P. d'Agliano........	6
Ad Solaria.................	9	A l'ouest de Settimiglio, sur la route de Sommaya au nord de ce point.	9
Florentia Tuscorum,..........	9	Firenze ou Florence...........	9

---

19. Itinéraire de la route de PISA *(Pise) à* TEGOLATA *(Trigoze), en passant par* LUNÆ *(Lune).*

Wesseling, page 193. Selon la leçon du Ms. de Cusanus.	Milles romains.	Cartes modernes.	Milles romains.
Pisæ....................... ...		Pise....................... ...	
Papiriana..................	11	Laguno de Macciucioli........	11
....		....	
Lune.......................	27	Luni dirutta.................	24
Boaceas...................	12	Spezia.....................	12
Bodetia.	21	Bonaciola...................	21
Tegolata...................	12	Trigozo.....................	9
Lunæ '..................... ...		Luni dirutta................. ...	
Bodetia.	27	Levano et Bonaciala, en passant par Porto Venere...........	27

' Leçon de Wesseling, entre Lunæ et Bodetia.

---

*19. *Itinéraire de la route de* Pisis (*Pise*) *à* Monilia (*Moneglia*) [1].

Table théodosienne. segm. 3.	Milles romains.	Cartes modernes.	Milles romains.
Pisis..........................	...	Pise.......................	...
Fossis Papirianis...............	11	A 1 mille au-delà de Lago di Muc- ciucoli.....................	11
Ad Taberna Frigida (xii *corrigez* xv)......................	15	Sau Frigido.................	15½
Lune.........................	10	Luni dirutta, en ligne droite.....	10½
Boron........................	...	Beverino....................	...
Alpe Pennino.................	2	Pignone....................	2
Ad Monilia..................	13	Moneglia...................	13

20. *Itinéraire d'une route de* Florentia (*Florence*) *à* Pisa (*Pise*).

Table Théodosienne, segment 3.	Milles romains.	Carte de Zannoni, et carte de la Lombardie en 4 feuilles.	Milles romains.
Pisis..........................	...	Pise.......................	...
Valuata.......................	8	Cascina et Cavoli............	8
In Portu (xvii *corrigez* xxii).....	22	Empoli Vecchio, à mille toises d'Empoli actuel..............	22
Arnum........................	4	Arno Vecchio [2]...............	4
Florentia Tuscorum............	18	Florence....................	18

21. *Itinéraire de la route de* Mediolanum (*Milan*) *à* Placentia (*Plaisance*).

PREMIER TRACÉ.

Table Théodosienne, segment 3.	Milles romains.	Cartes modernes des astronomes de Brera, de Bacler d'Albe, de Zannoni.	Milles romains.
Mediolano....................	...	Milan......................	...
Laude Pompeia...............	16	Lodi Vecchio, à partir des murs de Milan...................	16
Placentia....................	20	Plaisance...................	24

DEUXIÈME TRACÉ.

Itinéraire d'Antonin. Wesseling, page 98.	Milles romains.	Carte moderne de Bacler d'Albe, feuille 12.	Milles romains.
Mediolano....................	...	Milan......................	...
Laude civitas.................	16	Lodi Vecchio................	16
Placentia civitas.............	24	Plaisance...................	24

[1] La position de *Turrita* est placée à tort avant Pise dans la table, à cause des lieux qui se pressent. C'est le même que *Triturrita* dans le poëme de Rutilius.

[2] Arno Vecchio ne se trouve pas sur la carte de Bordiga, qui me parait inférieure à celle de Zannoni pour cette partie.

22. *Itinéraire de la route de* PLACENTIA (*Plaisance*) *à* BERGAMUM (*Bergame*).

PREMIER TRACÉ.

Itinéraire d'Antonin. Wesseling, page 127.	Milles romains.	Carte moderne de Bacler d'Albe, feuille 12.	Milles romains.
Placentia civitas...............	...	Plaisance....................	...
....	...	....	...
Laude civitas.................	24	Lodi Vecchio.................	24
....	...	....	...
Melodianum...................	16	Milan.......................	16
Ibid., page 127.			
Mediolanum civitas............	...	Milan.......................	...
....	...	....	...
Bergomo civitas...............	33	Bergame.....................	33

DEUXIÈME TRACÉ.

Itinéraire de Bordeaux à Jérusalem. Wesseling, page 617.	Milles romains	Carte de Bacler d'Albe, et carte des astronomes de Brera.	Milles romains
Civitas Placentia..............	...	Plaisance....................	...
Mutatio ad Rota..............	11	Orio........................	11
Mutatio Tribus Tabernis.	5	Borghetto.	5
Civitas Laude.................	9	Lodi Vecchio.................	9
Mutatio ad Nonum.	7	Melgnano.	7
Civitas Mediolanum...........	7	Milan, aux murs actuels de la ville.	9
Ibid., page 557.			
Mediolano ou Mansio Fluvio-Frigido a Mutatio Argentia......	10	De Milan à S. Agata...........	10
Mutatio Ponte Aureoli.........	10	Pontirolo....................	10
Civitas Vergamo..............	13	Bergame.....................	13

23. *Itinéraire de la route de* PLACENTIA (*Plaisance*) *à* DERTONA (*Tortone*).

PREMIER TRACÉ.

Itinéraire d'Antonin. Wesseling, page 288.	Milles romains.	Cartes modernes.	Milles romains.
Placentia......................	...	Plaisance......................	...
Comillomago..	25	Passage de la rivière entre Broni et Vescovara................	25
Iria........................	16	Voghera......................	16
Dertona......................	10	Tortone......................	10

DEUXIÈME TRACÉ.

Table Théodosienne, segment 3.	Milles romains.	Cartes modernes.	Milles romains.
Placentia......................	...	Plaisance......................	...
Comelimagus et Cameliomagus...	...	Passage de la rivière entre Broni et Vescovara................	...
Ab Iria et Iria................	16	Voghera......................	16
Ad Ertona et Dertona..........	...	Tortone......................	...

---

24. *Itinéraire de la route de* AUGUSTA TAURINORUM (*Turin*) *à* DERTONA (*Tortone*).

PREMIER TRACÉ.

Table Théodosienne, segment 3.	Milles romains.	Carte moderne de Bacler d'Albe.	Milles romains.
Augusta Taurinorum............	...	Turin........................	...
Polentia......................	...	Pollenza......................	...
Alba Pompeia................	35	Alba........................	35
Aquis Tatélis (x *corriges* xxx)....	30	Acqui......................	30
....	...	....	...
Dertona......................	27	Tortone......................	27

DEUXIÈME TRACÉ.

Table Théodosienne, segment 3.	Milles romains.	Cartes modernes.	Milles romains.
Augusta Taurinorum............	...	Turin........................	...
Polentia......................	...	Pollenza......................	...
Alba Pompeia................	35	Alba........................	35
Hasia (*lisez* Hasta)...........	16	Asti........................	16
Foro Sulvi (F. Fulvii)..........	25	Valenza (ou peut-être Villa-Foro près d'Alexandrie)..........	25
Dertona......................	15	Tortone......................	15

25. *Itinéraires de la route des côtes de la Ligurie, et du passage de la Gaule Cisalpine dans la Gaule Transalpine par les Alpes maritimes.*

Dans la Table Théodosienne, segment 3 D et segment 2 E, on trouve une route qui suit le rivage de la mer; la portion entre Gènes, *Genua*, jusqu'à *Sabate*, qui est Vado, ne se trouve pas dans l'itinéraire; nous prouverons bientôt que cette portion renferme deux itinéraires mis au bout l'un de l'autre, et que ce qu'on lit ainsi :

Genua.......................	...	Genua.......................	...
Ad Figlinas..................	27	....	...
Hasta.......................	13	....	...
Ad Navalia..................	7	....	...
Alba Docilia................	13	Alba Docilia................	13
Vico Virginis...............	10	Vico Virginis...............	10
Vadis Sobbates.............	9	Vadis Sobbates.............	9

doit se décomposer en deux itinéraires et se lire ainsi :

Genua ad Figlinas............	...	Genua ad Figlinas............	...
Hasta.......................	13	Vadis Sobbates.............	27
Ad Navalia..................	27	Ad Navalia..................	13
Ad Figlinas.................	7	Ad Figlinas.................	7

ou en retranchant Hasta :

Genua.......................	...	Gènes.......................	...
Vadis Sobbates.............	27	Savone......................	...
Ad Navalia..................	13	Noli........................	...
Ad Figlinas.................	7	Finale......................	...

Il y a de même mélange dans l'itinéraire page 295, et le passage suivant peut se lire de trois manières :

Itinér. Wesseling, page 295.		1°. En retranchant Alpe Summa.	
Costa Balenæ................	16	Costa Balenæ................	16
Albintimillo................	16	Albintimillo................	10
Lumone.....................	10	Lumone.....................	6
Alpe Summa.................	6	....	...
Cemnelo....................	9	Cemnelo....................	14
Varum flumine..............	6	Varum flumine..............	6
2°. En retranchant Albintimillo.		3°.	
Costa Balenæ................	16	Costa Balenæ................	16
....	...	Albintimillo................	10
Lumone [1].................	16	Lumone.....................	6
Alpe Summa.................	6	Alpe Summa.................	6
Cemnelo....................	9	Cemnelo....................	9
Varum flumine..............	6	Varum flumine..............	6

[1] En retranchant le x de Lumone et répartissant la distance xvi d'Albintimillo entre ce lieu et Lumone.

Nous allons présenter les tableaux de ces diverses combinaisons :

PREMIER TRACÉ.

Itinéraire d'Antonin, page 294.	Lieues gauloises.	Milles romains.	Cartes de Bacler d'Albe, de Bourcet, de Cassini.	Milles romains.
Tegolata..................	...	...	Trigoso.......................	...
Delphinis................	14	21	Porto del Fino................	18
Genua.....................	8	12	Gènes.......................	15
Libanum (xxxvi *lisez* xvi)...	...	16	Lavezara.	16
Dertona..................	19	28	Tortone......................	28
Aquis.....................	19	28	Acqui.......................	28
Crixia....................	13	20	Cria, au nord de Santa Giulia....	20
Canalico.................	7	10	S. Donato ou Canina..........	10
Vadis Sabbatis...........	8	12	Vado.......................	12
Lollupice sive Pullopice.....	8	12	La Pietra....................	12
Albingauno..............	6	8	Albinga.....................	8
Luco Bormani............	10	15	Burgo d'Oneglia.............	15
Costa Balenæ...........	11	16	La Costa à S. Remo...........	16
Albentimillo.............	7	10	Ventimille...................	10
Lumone.................	4	6	Menton.....................	6
Cemenelo...............	9	14	Simiers, en passant par Monaco..	14
Varum flumine...........	4	6	Le Var, fleuve, passage à S.-Laurent.	6

DEUXIÈME TRACÉ.

Table Théodosienne, segm. 3 D, segm. 2 E F.	Lieues gauloises.	Milles romains.	Cartes de Bacler d'Albe, de Chaffrion, de Bourcet, de Cassini.	Milles romains.
Monilia...................	...	...	Monelia.....................	...
Ad Solaria...............	4	6	Zara.......................	6
Ricina...................	10	15	Sori........................	15
Genua...................	5	7	Gènes......................	7
Libarnum................	7	16	Lavezzara..................	16
Dertona..................	19	28	Tortone.....................	28
Aquis Catelis............	18	27	Acqui, en partant des bords de la rivière......................	27
Crixia....................	15	22	Corsegno, par la vallée occidentale.	22
Canalico.................	13	20	S. Donato ou Canina..........	20
Vadis Sobbates...........	8	12	Vado.......................	12
Sobates..................	...	...	Savone, deux milles au nord de Notre-Dame de Savone.......	...
Albincauno..............	19	29	Albinga.....................	29
Luco Boramni............	10	15	Borgo d'Oneglia.............	15
Costa Bellene............	11	16	La Costa à S. Remo..........	16
Albintimillium............	7	10	Ventimille...................	10
In Alpa maritima..........	6	9	Passage des Alpes à Notre-Dame de bon Voyage...............	9
Gemenello...............	6	9	Simiers, en allant droit par la route sans passer par Monaco......	9
Varum...................	4	6	Le Var......................	6

26. *Rétablissement de la route de l'itinéraire depuis* Al-
binganum *(Albenga) jusqu'à* Varum flumen *(le Var).*

PREMIER TRACÉ.

Itinéraire, page 295, avec les variantes.	Milles romains.	Milles romains.	Milles romains.	Première manière de lire.	Milles romains.	Lieux modernes correspondans.	Milles romains.
Albingauno....	...	...	...	Albingauno......	...	Albenga........	...
Luco Bormani..	15	15	15	Luco Bormani....	15	Borgo d'Oneglia..	15
Costa Balenæ...	16	16	16	Costa Balenæ.....	16	La Costa à S. Remo.	16
Albintimillo...	...	16	16	....	...	....	...
Lumone.......	16	...	10	Albintimillo....	10	Vintimille.......	10
Alpe Summa...	6	...	6	Lumone........	6	Menton........	6
Cemnelo......	9	14	9	Cemnelo (par la variante indiquée par Wesseling)..	14	Simiers, près Nice.	14
Varum flumen..	6	6	6	Varum flumen....	6	Le Var, fleuve....	7

DEUXIÈME TRACÉ.

Deuxième manière de lire.	Milles romains.	Lieux modernes correspondans.	Milles romains.
Albinga.................	...	Albenga................	...
Luco Bormani..............	15	Borgo d'Oneglia..............	15
Costa Balenæ..............	16	La Costa à S. Remo...........	16
Lumone.................	16	Menton..................	16
Alpe Summa...............	6	Turbie, où était le *Troph. Augusti*.	6
Cemnelo.................	9	Simiers, près Nice............	9
Varum flumen..............	6	Le Var, embouchure..........	6

TROISIÈME TRACÉ.

Troisième manière de lire.	Milles romains.	Lieux modernes correspondans.	Milles romains.
Albingauno................	...	Albenga...'...............	...
Luco Bormani..............	15	Borgo d'Oneglia.............	15
Costa Balenæ..............	16	La Costa à S. Remo.	16
Albintimillo.................	10	Vintimille.	10
Lumone.................	6	Menton.................	6
Alpe Summa...............	6	Turbie, où était le *Throph. Augusti*..	6
Cemnelo.................	9	Simiers.	9
Le Var (embouchure)...........	6	Le Var (embouchure).	6

QUATRIÈME TRACÉ.

Même route d'après la Table Théodosienne, segm. 2 et 3.	Milles romains.	Lieux modernes correspondans.	Milles romains.
Albincauno.................	...	Albenga..................	...
Luco Boramni..............	15	Borgo d'Oneglia.............	15
Costa Bellene..............	16	La Costa.................	16
Albintimillium..............	10	Vintimille.................	10
In Alpe maritima.............	9	Notre-Dame de bon Voyage.....	9
Cemeuello.................	9	Simiérs, près Nice.............	9
Varum..................	6	Le Var, fleuve..............	6

27. *Rétablissement de la route entre* GENUA (*Génes*) *et* FIGLINIS (*Finale*), *qui se trouve dans la Table Théodosienne, segment* 3—D, *et segment* 2—F.

PREMIER TRACÉ.

Table Théodosienne.	Milles romains.	Première manière de lire.	Milles romains.	Lieux modernes correspondans.	Milles romains.
Genua..........	...	Genua ad Figlinas.	...	De Gènes à Finale.	...
Ad Figlinas......	27	Vadis Sobbates...	27	Notre-Dame de Savone..	27
Hasta...........	13	Ad Navalia......	13	Noli.............	13
Ad Navalia......	7	Ad Figlinas......	7	Finale et Figline........	7
Alba Docilia.....	13	....	...	....	...
Vico Virgines....	10	....	...	....	...
Vadis Sobbates...	9	....	...	....	...

DEUXIÈME TRACÉ.

Deuxième manière de lire.	Milles romains.	Lieux modernes correspondans.	Milles romains.
Genua à Vadis Sobbates........	...	De Gènes à Vado....	...
....	...	....	...
....	...	....	...
Alba Docilia.............	13	Teralba.............	13
Vico Virginis.............	10	Viaragio.............	10
Vadis Sobbates.............	9	Vado.............	9

TROISIÈME TRACÉ.

Troisième manière de lire.	Milles romains.	Lieux modernes correspondans.	Milles romains.
Genua ad Figlinas.............	...	De Gènes à Finale.............	...
Hasta.............	13	Arenzano.............	13
Ad Navalia.............	27	Noli.............	27
Ad Figlinas.............	7	Finale et Figline.............	7

QUATRIÈME TRACÉ.

Itinéraire maritime, p. 502.	Milles romains.	Lieux modernes correspondans.	Milles romains.
Genua.............	...	....	...
Portu Delphini.............	16	Porto del Fino.............	16
Vadis Portus.............	30	Vado.............	30
Albingauno.............	18	Albenga.............	23
Mauricii Portus.............	25	Port Maurice.............	20

Une variante du Ms. 7230 A donne xxx à la suite de *Crixia;* il est évident que dans ce manuscrit *Crixia* a été confondu avec *Canalico,* tandis que, dans la table, Canalico a été confondu avec *Vadis Sobbates.* Cet itinéraire doit donc être corrigé ainsi :

PREMIER TRACÉ.

Itinéraire d'Antonin, selon le Ms. 7230 A.	Milles romains.	Cartes modernes.	Milles romains.
Aquis.	...	Aqui.	...
Crixia (xxx), confondu	...	Cria, confondu	...
avec Canalico (xx).	30	avec Canina.	20
Vadis Sobbates.	12	Vado.	12

DEUXIÈME TRACÉ.

Table Théodosienne, segment 2.	Milles romains.	Cartes modernes.	Milles romains.
Aquis Tatelis.	...	Aqui.	...
Crixia.	22	Cria, 2 milles au sud à Santa Giulia.	22
Canalico (xx), confondu	...	Canina, confondu	...
avec Vadis Sobbates (xii).	20	avec Vado.	20

TROISIÈME TRACÉ.

Itinéraire suivant l'édition de Wesseling, et carte moderne.	Milles romains.
Aquis, *Aqui.*	...
Crixia, *Cria.*	20
Canalico, *Canina.*	10
Vadis Sobbates, *Vado.*	12

28. *Itinéraires des routes de la Gaule Cisalpine dans la Gaule Transalpine. — Depuis* MEDIOLANUM *(Milan) jusqu'à* BRIGANTIO *(Briançon). — Passage des Alpes Cottiennes par le mont Genèvre.*

PREMIER TRACÉ.

Wesselingue, page 339.	Milles romains.	Carte de Bacler d'Albe.	Milles romains.
Mediolano, à partir de Mansio Frigido ou de la porte orientale. …		Milan, à partir de Mansio Frigido ou de la porte orientale. …	2
Ticinum	22	Pavie, sur le Tessin	22
Laumellum [1]	21	Laumello	21
Cottiæ	12	Cozzo, en suivant jusqu'à Castel d'Ogogna	12
Carbantia	12	Casale, vis-à-vis, au nord du Pô	12
Rigomago	12	Trino Vecchio, vis-à-vis, au midi de Triuo	12
Quadratis	13	Londaglio, S.-Michel Quadradula, passage de la Doria à l'occident.	13
Taurinis	23	Turin, au midi	23
Fines	18	Avigliana et Butigliera	18
Segusione (xxxiii)	22	Suse	22
Ad Martis	16	Houlx	16
Brigantione	18	Briançon	18

Extrait de l'itinéraire de Bordeaux à Jérusalem, p. 555, édit. de Wesseling.		Cartes modernes.	
Mansio Byrigantium	…	*Briançon*	…
Inde ascendis Matronam	…	*On monte le Mont Genèvre*	…
Mutatio Gesdaone	10	*Césane, par la route qui passe par la Coche*	10
Mansio ad Marte	9	*Houlx, 800 toises au-delà du confluent des deux ruisseaux*	8
Civitas Secusione	16	*Suse*	16

DEUXIÈME TRACÉ.

Table Théodosienne, segment 2 et 3.	Milles romains.	Cartes de Bacler d'Albe et de Bourcet.	Milles romains.
Placentia	…	Piacenza	…
Ad Padum	20	Città Padulina	20
Quadratis	7	Villanterio	7
Lambrum	4	Castel Lambro	4
Ticeno	16	Pavie, sur le Tessin	16
Laumellum	21	Laumello	21
Cutias	12	Cozzo	12
Augusta Taurinorum	…	Turin	…
Finibus	18	Avigliana	18
Segusione	22	Suse	22
Ad Martis	17	Houlx, du confluent, qui est à 500 toises au-delà	16
Gascidone	8	Césane	8
In Alpe Cottia	5	Vallon de l'Alpet, au Mont-Genèvre par la Coche	5
Brigantione	6	Briançon	5½

[1] Conférez Durandic, Marca d'Yvrea, page 32.

Suite du deuxième tracé.

Table Théodosienne, segment 2 et 3.	Milles romains.	Cartes modernes.	Milles romains.
Brigantione	...	*Briançon*	...
In Alpe Cottia	6	*Vallon de l'Alpet, Mont Genèvre.*	5½
Gascidone	5	*Césane, par la Coche*	5
Ad Martis	8	*Houlx, 800 toises au-delà*	8
Segusione	17	*Suse*	16

---

29. *Route de* Mansio Ebrodunum (*Embrun*) à Mediolanum (*Milan*).

PREMIER TRACÉ.

Itinéraire de Bordeaux à Jérusalem, page 555.	Milles romains.	Cartes modernes de Cassini, de Bacler d'Albe et Bourcet.	Milles romains.
Mansio Hebriduno	...	Embrun.	...
Inde incipiunt Alpes Cottiæ.			
Mutatio Rame	...	Rama	...
Mansio Byrigantium	17	Briançon	...
Inde ascendis Matronam.		On monte le Mont Genèvre.	
Mutatio Gesdaone	10	Césane	10
Mansio ad Marte	9	Houlx, confluent des deux ruisseaux, 800 toises au-delà	8
Civitas Secusione	16	Suse	16
Inde incipit Italia.		Ici commence l'Italie.	
Mutatio ad Duodecimum	12	Giaconera et Burgone, au pont, sur la Doria	12
Mansio ad Fines	12	Aviglia et Butigliera, ou mieux entre Camarelleto et Castelleto..	10
Mutatio ad Octavum	8	Entre Alpignan et Piandoza.	8
Civitas Taurinis	8	Turin, au milieu de la ville.	8
Mutatio ad Decimum	10	Au nord de Settimo Torinese.	10
Mansio Quadratis	12	Londaglio, passage de la Doria Baltea, à l'occident Quadradula.	12
Mutatio Ceste	11	Monteglio, en passant le Pô à Brusacco	11
Mansio Rigomagus	8	Bruschetto, au Trino Vecchio, à 1 mille au sud-est de Trino actuel.	8
Mutatio ad Medias	10	Castagna, près de Casale.	10
Mutatio ad Cottias	13	Cozzo	13
Mansio Laumello	12	Laumello	12
Mutatio Durus	9	Dorno, en ligne droite.	10
Civitas Ticeuo	12	Pavie	11
Mutatio ad Decimum	10	Casa Dico, près Campo Morto, au nord de Settimo	10
Civitas Mediolanum	10	Milan à Vigentino, 2 milles au sud	10
Mansio Fluvio Frigido	12	Milan à la porte orientale, sur les bords du Largo	12

DEUXIÈME TRACÉ.

Itinéraire d'Antonin, p. 344, 340 et 339, lu à rebours.	Milles romains.	Cartes modernes.	Milles romains.
Eburoduno	...	Embrun	...
Rame	18	Rama	18
Brigantione	12	Briançou	12
Ad Martis	18	Houlx	18
Segusione	16	Suse	16
Fines (xxxiii *corrigez* xxii)	22	Cameletto et Castello	22
Taurinis	18	Turin	18
Quadratis	23	Londaglio. Quadradula (chapelle)	23
Rigomagus	20	Trino Vecchio, par Monteglio	20
Carbantia	12	Casale	12
Cottiæ	12	Cozzo	12
Laumellum	12	Lomello	12
Ticinum	21	Pavie, sur le Tessin	21
Mediolauum	22	Milan (à la porte orientale)	22

---

30. *Extraits de différentes routes de l'itinéraire d'Antonin, où se trouvent répétées des portions de la route précédente.*

Itinéraire d'Antonin. Wesseling, p. 346.	Milles romains.	Cartes modernes de Bacler d'Albe.	Milles romains.	Itinéraire de Jérusalem. Wesseling, p. 339.	Milles romains.	Cartes modernes.	Milles romains.
Mediolano	...	Milan	...	Mediolano	...	Milan	...
Ticinum	22	Pavie sur le Tessin	22	Ticinum	22	Pavie sur le Tessin	22
Laumellum	21	Lomello	21	Lomellum	21	Laumello	21
Ibid., page 356.		*Ibid.*		*Ibid.*		*Ibid.*	
Mediolano	.2	Milan	...	Mediolano	...	Milan	...
Ticinum	2	Pavie sur le Tessin	22	Ticinum	22	Pavie sur le Tessin	23
Laumello	22	Lomello	21	Laumellum	21	Lomello	21
. . . .	...	. . . .	...	Cottiæ	12	Cozzo	12
. . . .	...	. . . .	...	Carbantiæ	12	Casale	12
Rigomago	36	Bruschetto et Trino	36	Rigomagus	12	Bruschetto	12
Quadratis	16	Voro Lengo	16	Quadratis	13	Londaglio	13
Taurinis	21	Turin	21	Taurinis	23	Turin	23
Ad Fines	16	Camarelleto et Castello	16	Ad Fines	18	Avigliana	18
Secusione	24	Suse	24	Secusione (xxxiii)	22	Suse	22
Ad Martis	16	Houlx	16	Ad Martis	16	Houlx	16
Brigantione	19	Briançon	18	Briançon	19	Briançou	18

31. *Itinéraire de la route de* MEDIOLANUM (*Milan*) *à* VIENNA (*Vienne*) *par les Alpes Graies.*

Itinéraire d'Antonin. Wesseling, page 344.	Milles romains.	Carte des Alpes, de Raymond, feuilles 4 et 5.	Milles romains.
Mediolano	...	Milan	...
Novaria	32	Novara, au passage de la Gogna	32
Vercellis	16	Verceil	16
Eporedia	33	Yvrea	33
Vitricium	21	Verrez	21
Augusta Prætoria	25	Aoste	25
Aræbrigium	25	Giorgen, Pont-de-Serau	25
	...		...
Bergintrum [1]	18	Centron à l'est de Bellentre	18
Darantasia [2]	14	Moutiers en Tarentaise	14
Oblimum	13	Près la Batie, au confluent du ruisseau	13
Ad Publicanos	3	Conflaus	3
Mautala	16	Entre S.-Pierre d'Albigny et S.-Jean	16
Lemincum	16	Chambéry, au mont Leminc	16
Labiscone	14	Lannen près de Yenue	14
Augustum	14	Aouste	14
Bergusia	16	Bourgoin	17
Vienna	20	Vienne	21

---

32. *Itinéraire de la route de* VERCELLÆ (*Verceil*) *à* VIENNA (*Vienne*).

Table Théodosienne, segm. 3.	Milles romains.	Carte des Alpes de Raymond, feuilles 4 et 5, Cartes de Cassini et de Bacler d'Albe.	Milles romains.
Vergellis	...	Verceil	...
Eporedia	33	Yvrea	33
Utricio	21	Verrez	21
Augusta	28	Aoste	25
Arebrigium	25	Giorgeu au Pont-de-Seran	25
In Alpe Graia	6	Au sud de Colona-Joux sur le Petit-S.-Bernard	6
Bergintrum	12	Bellentre	12
Darantasia (x) [3]	14	Moutiers en Tarentaise	14
Obilonna	13	Près la Batie, au confluent du ruisseau	13
Ad Publicanos	3	A l'hôpital près Conflans	3
Mautala	16	Entre S.-Pierre d'Albigny et S.-Jean	16
Lemincum	16	Mont Leminc près Chambéry	16
Laniscone	14	Launeu près de Yenne	14
Augustum	14	Aouste	14
Bergusia	16	Bourgoin	17
Vienna	21	Vienne	21

[1] Variante du Ms. 7280 A.
[2] Variante du Ms. 7230 A.
[3] Le chiffre x après Darantasia dépend d'un autre itinéraire.

* 33. *Itinéraire de la route d'*Arebrigium *(Pont-de-Seran) à* Darantasia *(Moutiers en Tarentaise), faisant voir que dans l'itinéraire d'Antonin il y a eu confusion dans les chiffres et les noms des deux routes* Arebrigium *et* Darantasia.

D'après le Ms. 7230 A. 1re route à l'orient de l'Isère.	Milles romains.	Lieux modernes correspondans. Ms. 7230 A.	Milles romains.	D'après Wesseling et le plus grand nombre des Mss. 2e route à l'occident de l'Isère.	Milles romains.	D'après Wesseling, page 345.	Milles romains.
Arebrigium.......	...	Pont-de-Seran....	...	Arebrigium.......	...	Arebrigium.......	...
Bergiutrum......	18	Villars Bergentru.	18	Bergiutrum (*lisez* Aximam).....	24	Bergintrum (*lisez* Ariolica)......	16
Darantasia.......	14	Moutiers en Tarentaise.........	14	*Darantasia*......	10	Darantasia......	19

---

* 33. *Itinéraire de la route entre* Arebrigium *(Pont-de-Seran) à* Darantasia *(Moutiers en Tarentaise), selon la Table Théodosienne, faisant voir qu'il y a eu intercalation de deux routes en une seule.*

1er itinéraire à l'occident de l'Isère.	Milles romains.	2e itinéraire à l'orient de l'Isère.	Milles romains.	1. Lieux modernes de l'itinéraire à l'occident de l'Isère.	Milles romains.	2. Lieux modernes à l'orient de l'Isère.	Milles romains.
Arebrigium......	...	Arebrigium.......	...	La Tuille, Pont-de-Seran.........	...	Arpetta.........	...
Ariolica........	16	....	...	Villaret et S.-Maurice..........	16	....	...
....	...	In Alpe Graia....	6	....	...	Colouia-Joux....	6
....	...	Bergintrum......	12	....	...	Centron et Bellentre..........	12
Aximam........	9	....	...	Aime...........	9	....	...
Darantasia......	10	*Darantasia*......	14	Moutiers en Tarentaise.........	10	*Moutiers*.......	14

34. *Itinéraire de la route de* Sena Gallica (*Sinigaglia*) *à* Ancona (*Ancône*), *selon l'Itinéraire d'Antonin et la Table Théodosienne combinés.*

Itinéraires anciens.	Milles romains.	Cartes modernes.	Milles romains.	
Sena Gallica................	...	Sinigaglia................	...	...
Ultra Anconam..............	4	A l'est de la Gabriella, sur la route.................	3 ½	4
Sextias, sive Ad Sextum........	2	Un mille avant Palazzo Onorati....................	1 ½	2
Ad Æsim..................	4	Rocca di Fiumesino près de l'embouchure de l'Esino..	3 ½	4
Ancona....................	10	Ancône, vers l'extrémité nord de la ville.............	8	10

*** 35.** *Itinéraire de la route de* Segusio (*Suse*) *à* Augusta Taurinorum (*Turin*).

Itinéraire de Bordeaux, p. 556.	Milles romains.	Cartes modernes de Bacler d'Albe et du royaume d'Italie.	Milles romains.
Civitas Segussione:.............	...	Suse......................	...
Mutatio ad Duodecimum........	12	Giaconera et Burgone..........	12
Mansio ad Fines..............	12	Camerletto et Castelletto.......	11 ¼
Mutatio ad Octavum...........	8	Alpignan et Pianezza...........	8
Civitas Taurinis..............	8	Turin, au milieu de la ville......	8

*** 35.** *Itinéraire de la route de* Segusio (*Suse*) *à* Augusta Taurinorum (*Turin*).

Itinéraire d'Antonin. Wesseling, page 356.	Milles romains.	Cartes modernes.	Milles romains.
Segusione....................	...	Suse.......................	...
Fines......................	24	Camerletto et Castelletto........	23 ½
Taurinis....................	15	Turin......................	16

*** 35.** *Itinéraire de la route de* Segusio (*Suse*) *à* Augusta Taurinorum (*Turin*).

Table Théodosienne, segm. 2 et 3.	Milles romains.	Cartes modernes.	Milles romains.
Segusione....................	...	Suse.......................	...
Finibus.....................	18	Avigliana...................	18
Taurinis....................	22	Turin (au milieu de la ville).....	22 ½

36. *Route de* LAUMELLUM (*Lomello*) *à* TAURINIS (*Turin*).

Wesseling, p. 34o.	Milles romains.	Carte de Bacler d'Albe.	Milles romains.	Wesseling, p. 557. Lu à rebours.	Milles romains.	Carte de Bacler d'Albe.	Milles romains.
Laumellum......	...	Lomello.........	...	Laumello.......	...	Lomello.........	...
Carbantia.......	12	Granzia di Gazzo.	12	Ad Medias......	12	Passage de la Sesia...........	12
Rigomago.......	12	Ponte Stura Morano..........	12	Rigomago......	10	Santa-Catarina...	10
....	...	....	...	Ceste..........	8	Palazuolo S.-Grato...........	8
Quadratis........	20	Vero Luugo, Quadradula (chapelle).	20	Quadratis........	11	Vero Lungo et Landaglio........	11
....	...	....	...	Ad Decimum. ...	12	3 milles au nord de Settimo........	...
Taurinis........	23	Turin (un mille au midi de S.-Valentin)........	23	Taurinis........	10	Turin (au milieu).	...

---

* 37. *Itinéraire de la route de* MEDIOLANUM (*Milan*) *à* ARGENTORATUM (*Strasbourg*).

Itinéraire d'Antonin. Wesseling, p. 346.	Lieues gauloises.	Milles romains.	Cartes modernes de Bacler d'Albe, de Raymond et de Cassini.	Milles romains.
Mediolano...............		...	Milan....................	...
Ticinum.................		22	Pavie sur le Tessin..........	22
Laumellum..............		21	Lomello..................	21
Vercellas...............		25	Verceil..................	25
Eporedia...............		33	Yvrea...................	33
Vitricium...............		21	Verrez..................	21
Augusta Pretoria..........		25	Aoste...................	25
Arebrigium.............		25	Arpetta et Giorgen..........	25
Bergintrum (XXIV)........		18	Bellentre................	18
Darantasia (XVIII).........		14	Moutiers en Tarentaise........	14
Casuaria................		24	Seitenai ou Setenex (il faut faire un détour pour passer par le col de Tanier)................	24
Bautas.................		18	Annecy le vieux............	18
Cenava................		25	Genève..................	25
Equestribus.............		16	Prangin et Nyon...........	16
Lacu Lausonio...........		20	Vidi et Lausanne...........	20
Urba..................		18	Orbe...................	18
Ariorica...............	24	36	Arc sous Cicon...........	36
Visontione..............	16	24	Besançon par Lodtz et Ornans...	24
Velatoduro.............	22	33	Velero..................	33
Epamantadurum.........	12	18	Mandeure................	18
Larga.................		24	Passage de la Larga à Largitzen...	24
Utirensis [1].............		25	Ensisheim...............	25
Monte Brisiaco..........		15	Vieux Brisach (île S.-Louis).....	16
Helveto................		25	Elle et Benfelden...........	26
Argentorato............		20	Strasbourg...............	18

[1] Utirensis XXV, selon le Ms. Blandisianum.

* 37. *Itinéraire de la route de* MEDIOLANUM (*Milan*) *à* ARGENTORATUM (*Strasbourg*).

Table Théodosienne, segm. 3 et 2.	Lieues gauloises.	Milles romains.	Cartes de Bacler d'Albe, de Raymond et de Cassini.	Milles romains.
Mediolanum.,		...	Milan	...
Ticeno		22	Pavie sur le Tessin	22
Laumellum		21	Lomello	21
Cutias		12	Cozzo	12
Vergellis		13	Verceil	13
Eporedia		33	Yvrea	33
Utricio		21	Verrez	21
Augusta Pretoria		28	Aoste à Arpille ou S.-Martin	25
Arebrigium		25	Arpetta et Giorgen	25
In Alpe Graia		6	Croupe du Petit-S.-Bernard, à 1000 toises au sud de Colonia-Joux ou Colonia Jovis	6
Bergintrum		12	Villars Bergintru	12
Darantasia (x)		14	Moutiers en Tarentaise	14
Cennava		...	Genève	...
Colonia equestris	12	18	Praugins et Nyon	16
Lacum Losonne	12	18	Vidi et Lausanne	20
Abiolica	16	24	Auberson (vers les Jacques, en ligne droite sur la carte, et non par la route)	24
Filo Musiaco	14	21	Lodtz et Moutiers	21
Vesontine	15	22	Besançon	22
Loposagio	13	$19\frac{1}{2}$	Baumes-les-Dames et S.-Ligier	$19\frac{1}{2}$
Epomanduo	18	27	Mandeure, par la route	27
Large	16	24	Passage de la Largue à Largitzen	24
Cambete	12	18	Gross-Kembs	18
Argentovaria (xii *lisez* xxii)	22	33	Artzenheim	33
Helellum	12	18	Elle et Benfelden	18
Argentorate	12	18	Strasbourg	18

* 38. *Itinéraire d'une route d'*EPAMANDUODURUM (*Mandeure*) *à* UTIRENSIS (*Ensisheim*).

Itinéraire d'Antonin. Wesseling, page 349.	Milles romains.	Cartes modernes.	Milles romains.
Epamantadurum	...	Mandeure	...
Larga	24	Passage de la Largue	24
Utirensis	18	Ensisheim	18

* 38. *Itinéraire d'une route d'*Epamanduodurum *(Man-deure) à* Cambete *(Gross-Kembs).*

Table Théodosienne. segm. 2.	Lieues gauloises.	Milles romains.	Cartes modernes.	Milles romains.
Epomanduo................	...	...	Mandeure....................	...
Large..................	16	24	Passage de la Largue à Altekirch..	24
Cambete...............	12	18	Gross-Kembs.............:....	18

---

* 39. *Itinéraire d'une route d'*Augusta Rauracorum *(Augst) à* Argentoratum *(Strasbourg).*

Itinéraire d'Antonin. Wesseling, 353.	Lieues gauloises.	Milles romains.	Cartes modernes.	Milles romains.
Augusta Rauracum.........	...	...	Augst (Kayser)...............	...
Cambete................	12	18	Gross-Kembs................	18
Stabulis..................	6	9	Skallempe...................	9
Argentovaria.............	18	27	Artzenheim à Mauchon.........	27
Helveto.................	16	24	Elle (en prenant la route de traverse).	24
Argentorato..............	12	18	Strasbourg..................	18

---

* 39. *Itinéraire d'une route d'*Augusta Rauracorum *(Augst) à* Argentoratum *(Strasbourg).*

Table Théodosienne, segm. 2.	Lieues gauloises.	Milles romains.	Cartes modernes.	Milles romains.
Augusta Rauracum.........	...	...	Augst (Kayser)...............	...
Arialbinum...............	6	9	Binningen..................	9
Cambete................	7	10½	Gross-Kembs...............	10½
Stabilis (omis).............	6	9	*Skallampe*..................	9
Argentovaria (confondu avec Mons Brisiacus)..........	12	18	Vieux Brisach et Artzenheim.....	18
Helellum.................	12	18	Elle (à partir d'Artzenheim, mais en ligne droite).............	18
Argentorate.............	12	18	Strasbourg..................	18

* 40. *Itinéraire d'une route de* VESONTIO (*Besançon*) *à* ARGENTORATUM (*Strasbourg*).

Itinéraire d'Antonin. Wesseling, pages 386 et 251.	Lieues gauloises.	Milles romains.	Cartes modernes.	Milles romains.
Vesontione	...	...	Besançon	...
Epamanduaduro	31	46½	Mandeure	51
Cambate	31	46½	Gross Kembs	42
Rauracis (*lisez* Vindonissa)	...	...	Kayser Augst (*lisez* Windisch)	...
Artalbinno (xxvii Legio)	26	9	Binningen	9
Uruncis (xxv *lisez* xxii)	22	33	Illrach au nord de Mulhausen	33
Monte Brisiaco	...	15	Vieux Brisach (à l'île S.-Louis)	16
Helveto	19	28	Elle et Benfelden	26
Argentorato (xxviii)	...	18	Strasbourg	18

* 40. *Itinéraire d'une route de* VESONTIO (*Besançon*) *à* ARGENTORATUM (*Strasbourg*).

Table Théodosienne, segm. 2.	Lieues gauloises.	Milles romains.	Cartes modernes.	Milles romains.
Vesontine	...	...	Besançon	...
Loposagio	13	19½	Baumes-les-Dames et S.-Ligier	19½
Epomanduo	18	27	Mandeure	27
Larga	16	24	Passage de la Largue à Largitzen	24
Cambete	12	18	Gross Kembs	18
Augusta Rauracum	...	...	Kayser Augst	...
Arialbinnum	6	9	Binningen	9
Cambete	7	10½	Gross-Kembs	10½
Argentovaria (xii *lisez* xxii)	22	33	Artzenheim	33
Helellum	12	18	Elle et Benfelden	18
Argentorato	12	18	Strasbourg	18

* 41. *Itinéraire de la route de* VINDONISSA (*Vindisch*) *à* ARGENTORATUM (*Strasbourg*).

Itinéraire d'Antonin. Wesseling, page 238.	Lieues gauloises.	Milles romains.	Cartes modernes.	Milles romains.
Vindonissa	...	...	Vindisch	...
Artalbinno	23	34	Binningen (en ligne droite)	34
Monte Brisiaco	30	45	Vieux Brisach	45
Argentorato	...	39	Strasbourg	39

* 41. *Itinéraire de la route de* VINDONISSA (*Vindisch*) *à* ARGENTORATUM (*Strasbourg*).

Table Théodosienne, segment 2.	Lieues gauloises.	Milles romains.	Cartes modernes.	Milles romains.
Vindonissa................	..	..	Vindisch................	...
Augusta Rauracorum.......	22	33	Augst (Kayser).............	33
Artalbinnum...............	6	9	Binningen.................	9
Cambete..................	7	$10\frac{1}{2}$	Gross Kembs..............	$10\frac{1}{2}$
Argentovaria.............	22	33	Artzenheim...............	33
Helellum.................	12	18	Elle et Benfelden..........	18
Argentorato..............	12	18	Strasbourg................	18

42. *Itinéraire de la route de* VINDONISSA (*Vindisch*) *à* ARTALBINNO (*Binningen*).

Itinéraire d'Antonin, p. 238, variantes.	Lieues gauloises.	Milles romains.	Cartes modernes.	Milles romains.
Vindonissa...............	...	...	Windisch................	...
Artalbinnum.............	26	39	Binningen, par les détours de la route moderne..............	39

43. *Itinéraire de la route d'*EBURODUNUM (*Yverdun*) *à* ABIOLICA (*Auberson*).

Table Théodosienne, segment 2.	Lieues gauloises.	Milles romains.	Cartes modernes.	Milles romains.
Eburoduno................	...	...	Yverdun.................	...
Abiolica.................	6	9	Auberson, vers les Jacques.....	9

43. *Itinéraire d'une route d'*EPAMANTADURUM (*Mandeurre*) *à* URUNCIS (*Illzach*).

Itinéraire, page 342.	Milles romains.	Cartes modernes.	Milles romains.
Epamantadurum...............	...	Mandeurre................	...
Gramato...................	19	Grenne et Mertzen............	19
Uruncis (confondu avec Utirensis).	18	Illzach..................	18

III.   5

44. *Itinéraire de la route de* Vercellæ (*Verceil*) *à* Laus Pompeia (*Lodi*).

Itinéraire d'Antonin. Wesseling, page 282.	Milles romains.	Cartes modernes de Bacler d'Albe et des astronomes de Brera.	Milles romains.
Vercellis........................	...	Verceil.......................	...
Laumello.......................	25	Lomello.......................	25
Ticino........?.................	22	Pavie.........................	21¼
Laude '........................	13	Lodi Vecchio, en ligne droite...	15

La dernière distance d'après la leçon de l'édition de Wesseling, p. 283.

Ticino.........................	...	Pavie.........................	...
Laude.........................	23	Lodi, par la route de S.-Angelo..	23

---

45. *Itinéraire de la route de* Mediolanum (*Milan*) *à* Moguntiacum (*Mayence*).

Itinéraire d'Antonin, Wesseling, page 350.	Lieues gauloises.	Milles romains.	Cartes de Bacler d'Albe, de Wesseling et de Cassini.	Milles romains.
Mediolano......................	...	...	Milan........................	...
Novaria.......................	...	33	Novare.......................	32
Vercellas......................	...	16	Vercelli......................	16
Eporedia......................	...	33	Yvrea........................	33
Vitricio.......................	...	21	Verrez.......................	21
Augusta Prætoria..............	...	25	Aoste........................	25
Summo Pennino (25 *lisez*)...	...	13	Mont S.-Bernard, 500 toises avant l'hospice.....................	13
Octoduro......................	...	25	Martigny.....................	25
Tarnaias......................	...	12	Masson, près S.-Maurice.......	12
Penne Locos...................	...	13	Villeneuve....................	13½
Vibisco........................	...	9	Vevey........................	9
Bromago......................	...	9	Promasens (en ligne droite).....	9
Minodunum...................	...	6	Moudun......................	6
Minodunum.... (12).........	...	...	Ingeniex. .... (12)	...
Aventicum....................	13	19½	Aveuche, au milieu....... (13)	19
Petinesca.....................	14	21	Lyss (600 toises au nord).......	21
Saloduro......................	10	15	Solothurn.....................	15
Augusta Rauracorum..........	22	33	Kayser Angst..................	33
Cambete......................	12	18	Gross Kembs..................	12
Stabulis.......................	6	9	Skallempe.....................	9
Argentovaria..................	18	27	Artzenheim (à Mauchon).......	27
Helveto.......................	16	24	Elle (en prenant la route de traverse).....................	24
Argentorato...................	12	18-	Strasbourg....................	18
Saletione (vii *lisez* xx, par transposition de la p. 253).	20	30	Seltz (par route directe sans passer par Brumat).............	30
Tabernis......................	12	18	Rhein Zabern.................	19
Noviomagus..................	11	16½	Speyr........................	17½
Borbetomago.................	14	21	Worms.......................	21
Bauconica....................	13	19½	Oppenheim, au confluent du Rhin et de la Mulbach à Nierstein...	19
Moguntiaco..................	7¼	11	Mayence......................	11

[1] Variante du Ms. 7230 A.

46. *Itinéraire de la route de* MEDIOLANUM (*Milan*) *à* VITRICIO (*Verrez*).

Table Théodosienne, segment 3.	Milles romains.	Cartes modernes.	Milles romains.
Mediolano	...	Milan	...
Vergellis	...	Vercelli	...
Eporedia	33	Yvrea	33
Vitricio	21	Verrez	21

---

* 47. *Itinéraire de la route de* MEDIOLANUM (*Milan*) *à* OCTODURUS (*Martigny*).

Table Théodosienne, segm. 2.	Milles romains.	Table Théodosienne, segm. 2.	Milles romains.	Cartes modernes.	Milles romains.
Vitricio	...	Vitricio	...	Verrez	...
Augusta Prætoria	28	Augusta Prætoria	25	Aoste	25
Eudracinum	25	Eudracinum	25	Drance	25
Summo Pennino	13	....	...	....	...
Octoduro	25	Octoduro (25 *lisez*)	13	Martigny	13

---

* 47. *Itinéraire de la route de* MEDIOLANUM (*Milan*) *à* OCTODURUS (*Martigny*).

Itinéraire d'Antonin. Wesseling, p. 351.	Milles romains.	Cartes modernes.	Milles romains.
Vitricio	...	Verrez	...
Augusta	25	Aoste	25
Summo Pennino (xxv *lisez* xiii)	13	Mont S.-Bernard	13
Octoduro	25	Martigny	25

36   ANALYSE GÉOGRAPHIQUE

48. *Itinéraire de la route d'*Octodurus *(Martigny)* à Moguntiacum *(Mayence).*

Table Théodosienne, segment 2.	Lieues gauloises.	Milles romains.	Cartes modernes.	Milles romains.
Octodurus.	...	...	Martigny.	...
Tarnaias.	...	12	Massongi.	12
Penno Lucos.	...	14	Villeneuve.	13½
Vivisco.	...	9	Vevey.	9
Viromagus.	...	9	Promasens (en ligne droite).	9
Minnodunum.	...	6	Moudun.	6
Aventicum.	...	18	Avenche.	18
Petinesca.	14	21	Lyss (600 toises au nord).	21
Salodurum.	10	15	Solothurn.	15
Augusta Rauracorum.	22	33	Kayser Augst.	33
Artalbinnum.	6	9	Rinningen.	9
Cambete.	7	10½	Gross Kembs.	10½
Stabulis (omis).	6	9	*Skallampe.*	9
Argentovaria (confondu avec Mons Brisiacus).	12	18	Vieux Brisach et Artzenheim.	18
Helellum.	12	18	Elle, à partir d'Artzenheim en ligne droite.	18
Argentorato.	12	18	Strasbourg.	18
Brocomagus.	7	10½	Brumat.	11½
Saletione.	18	27	Seltz.	24
Tabernis.	11	16½	Rhein Zabern.	19
Noviomagus.	12	18	Speyr.	18
Borgetomagi.	13	19½	Worms.	21
Bonconica.	11	16½	Oppenheim.	16½
Mogontiaco.	9	13½	Mayence.	12

---

49. Itinéraire de la route de Vibiscum *(Vevey)* à Aventicum *(Avenche).*

Itinéraire, p. 352, variantes pour Mediolanum des Mss. de Longolianus et du Ms. Napolitain.	Milles romains.	Cartes modernes.	Milles romains.	Itinéraire, p. 352, variantes pour Minodunum du Ms. royal et Blandinien.	Milles romains.	Cartes modernes.	Milles romains.
Vibisco.	...	Vevey.	...	Vibisco.	...	Vevey.	...
Bromago.	9	Promasens.	9	Bromago.	9	Promasens.	9
Minodunum.	6	Moudun.	6	Minodunum.	12	Ingenex.	12
Aventicum. (13).	19½	Avenche.	19	Aventicum.	19	Avenche.	13

---

* 49. *Itinéraire de la route de* VIBISCUM (*Vevey*) *à* AVENTICUM (*Avenche*).

Table Théodosienne, segment 2.	Milles romains.	Cartes modernes.	Milles romains.
Vivisco	...	Vevey	...
Viromagus	9	Promaseus	9
Minnodunum	6	Moudun	6
Aventicum	18	Avenche	18

* 50. *Itinéraire de la route d'*AUGUSTA PRÆTORIA (*Aoste*) *à* VIVISCO (*Vevey*).

Itinéraire, p. 351, de Wessel., variantes pour Octodurus et Summo Pennino.	Milles romains.	Cartes modernes.	Milles romains.	Itinéraire, p. 351, variante du Ms. Cusanus, et le Ms. Lamonianus pour Octodurus.	Milles romains.	Cartes modernes.	Milles romains.
Augusta prætoria	...	Aoste	...	Augusta	...	Aoste	...
Summo Pennino (*lisez* Eudracinum)	25	Drance	25	Octoduro... (25).	38	Martigny	38
Octoduro (*lisez* Tarnaias)	25	Massongi près de S.-Maurice ou Agaunum	25	Tarnaias	25	S.-Maurice	25
Penne locos	13	Villeneuve	13	Penne Loco	13	Villeneuve	13
Vivisco	9	Vevey	9	Vibisco	9	Vevey	9

* 50. *Itinéraire de la route d'*AUGUSTA PRÆTORIA (*Aoste*) *à* VIVISCO (*Vevey*).

Table Théodosienne, segment 2.	Milles romains.	Cartes modernes.	Milles romains.
Augusta	...	Aoste	...
Summo Pennino	13	Mont S.-Bernard, sommet	13
Octoduro	25	Martigny	25
Tarnaias	12	S.-Massougi, près S.-Maurice	12
Penno lucos	14	Villeneuve	13½
Vivisco	9	Vevey	9

51. *Itinéraire de la route d'*Augusta Vindelicorum (*Augsbourg*) *à* Verona (*Vérone*).

Itinéraire d'Antonin. Wessel., p. 274 et 275.	Milles romains.	Carte du Tyrol, par Muller, et le Dépôt de la Guerre, carte de Baclér d'Albe, et de l'État de Venise, par le baron de Zach.	Milles romains.
Augusta Vindelicorum.........	...	Augsbourg......	...
....	...	....	...
Abuzaco.........	36	Sur la route entre Kimsau et Dinnhausen........	36
....	...	....	...
Parthano........	30	Partenkirch.....	30
....	...	....	...
Veldidena.......	30	Vels et Kranabiten.	30
....	...	....	...
Vepiteno........	36	Wiesen et Sterzing.	36
Sublavione......	32	Saubach.........	33
....	...	....	...
Endidæ.........	24	En (en ligne droite).	23
Tridento........	24	Trente (par la route)........	24
....	...	....	...
Ad Palatium.....	24	Ala et Pozzoalta..	24
....	...	....	...
....	...	....	...
Verona.........	37	Vérone.........	37

Table Théodosienne, segment 3.	Milles romains.	Carte du Tyrol, par Muller, et le Dépôt de la Guerre, carte de Baclér d'Albe, et de l'État de Venise, par le baron de Zach.	Milles romains.
Augusta Vindelicorum.........	...	Augsbourg.......	...
Ad Novas........	...	....	...
Avodiaco........	...	Sur la route entre Kimsau et Dinnhausen........	...
Coveliacas........	...	Cochl See.......	...
Tarteno.........	20	Partenkirch.....	20
Scarbia.........	11	Mittewald.......	11
Vetonina........	19	Vels et Kranabiten.	19
Matreio.........	18	Matrey.........	$16\frac{1}{4}$
Vepiteno........	20	Sterzing........	20
Sublabione......	35	Saubach........	33
Ponte Drusi.....	13	Botzen.........	$13\frac{1}{3}$
....	...	....	...
Tredente........	40	Trente..........	$40\frac{1}{4}$
Sarnis..........	20	Serravalle.......	20
....	...	....	...
Vennum........	24	Lavezine........	24
....	10	Pont sur l'Adige..	10
Verona.........	8	Vérone..........	8

52. *Itinéraire de la route d'Espagne en Italie par les Alpes cottiennes, depuis* UGERNUM (*Tarascon*) *jusqu'à* EBRODUNUM (*Embrun*), *selon Strabon et l'itinéraire d'Antonin comparés.*

Strabon, livre 4.	Milles romains.	Résumé de la portion de route de l'itinéraire d'Antonin, telle qu'elle est tracée et mesurée sur la carte de Cassini.		Milles romains.
Ugernum et Tarasconem........	...	Beaucaire et Tarascon (Tarascouum)............		...
		Glanum. ...... 12 S.-*Remy.* 12		
		Cabillione. ..... 16 Cavaillon............ 16		
		Fines. .... 12 *Limergue* (*rivière*). .. 12		
		Apta Julia ..... 10 Apt 10		
		Catviaca .... 12 Oppedette. 12		
		62 62		
Fines Vocontiorum (per Druentia et Cabellionem..	63	Oppedette (ou Catviaca).....................		62
		Alaunio.. ...... 16 *Lauzon* (*rivière*)..... 16		
		Segusterone ..... 24 *Sisteron*............ 24		
		Alamonte .... 16 *Allemont*........... 16		
		Vapincum.. ..... 17 *Gap*.............. 17		
		Caturigas .... 12 *Chorges*............ 12		
		Eburodunum .... 14½ *Embrun*........... 11½		
		99½ 99½		
Vicum Epeprodunum..........	99	Embrun..........................		99

---

53. *Itinéraire de la route d'Espagne en Italie par les Alpes maritimes, telle qu'elle est donnée dans Strabon, livre IV, avec les distances de ce géographe comparées à celles des cartes modernes.*

Strabon, géographe, livre IV.	Lieues gauloises.	Milles romains.	Carte du Dépôt de la Guerre, et carte de Cassini.	Lieues gauloises.	Milles romains.
Trophea Pompeii..........	...	...	La Jonquière.............	...	...
Narbonem...............	42	63	Narbonne (par la route moderne).	42	63
Nemausum...............	59	88	Nismes (en ligne droite).....	59	88
Aquæ Sextiæ (per Ugernum atque Tarascouem)......	53	79½	Aix (par la route décrite dans l'itinéraire).	47	70¾
Varum flumen (per Antipolin).	73	109½	Le Var, fleuve (par la route décrite dans l'itinéraire). .	80	120
		340			341¾

54. Itinéraire de la route romaine qui de Nicæa *(Nice)* ou Cemenelium *(Simiers), se dirigeait au nord dans la vallée de Barcelonette, rétabli d'après les bornes milliaires trouvées sur place.*

Une suite de bornes milliaires mentionnées par Durandi prouve l'existence de cette voie d'une manière incontestable. La première, trouvée à San Salvadore (Saint-Sauveur), porte l'inscription suivante [1] :

N° 1.

IMP. CAESARI

AUGUSTO

D.   D.

XVI.

On a trouvé une autre pierre de ce genre à Sainte-Marie, lieu fort ancien, puisqu'il en est question dès le commencement du ixe siècle [2].

N° 2. A.

IMP. CAES.

CONSTANTINO

PIO. FELICI. INVICTO

AUGUSTO

XXII.

Le revers de cette borne portait l'indication du N° 2. B.

XLVII.

A deux milles environ au sud-est de Clans, on en a trouvé une autre avec une inscription ainsi conçue [3] :

N° 3.

IMPER. CAESARI

FLAVIO. VALERIO

CONSTANTINO.

CONSTANTINI. PII. AUG.

FILIO

XL

[1] *Piemonte Cispadano antico,* page 58.
[2] *Ibid.,* page 59.
[3] *Ibid.,* page 60.

M. Durandi [1] a très bien remarqué que les deux premières mesures avaient rapport à Saint-Étienne ou San Stefano, qui, dans le ixe siècle, était le chef-lieu ou la capitale *del Contado Tiniense*.

Clans et Santa Maria sont mentionnés à la même époque comme les lieux les plus considérables de ce comté, et ce sont ceux-là où on a trouvé les bornes milliaires; les autres distances qui y sont mentionnées paraissent partir de Vintimilio (Vintimille): mais il est certain que cette voie romaine n'avait pas été construite pour aboutir à un lieu aussi peu considérable que l'a toujours dû être Saint-Étienne, à cause de sa situation dans les montagnes. C'était un des passages d'Italie dans les Gaules; par conséquent elle pénétrait dans la vallée de Barcelonnette par le mont Lernes et la vallée de Fours.

On peut rétablir cette voie de la manière suivante :

Route romaine par la vallée de Tinea.

	Milles romains.	Distances réelles en milles romains.	Colonnes milliaires. Milles romains.	Numéros des colonnes.
De *Vintimilio*, Vintimille, à *Cemenelo*, Simiers [2]	20			
De *Cemenelo*, Simiers, à la colonne au sud-est de Clans, en passant par Aspremont, la Rochetta et les rives de la Tinea....	20	40	XL.	N° 3.
De la colonne n° 3 au revers B du n° 2, en suivant toujours la vallée de Tinea......	7			
Total de la distance de Vintimille à la colonne n° 2.	47	47	XLVII	N° 2.
De la colonne n° 2 à la colonne n° 1, au-dessus de Saint-Sauveur.............	6	6		
De la colonne n° 1 à Saint-Etienne, capitale du *Tiniensis Comitatus*...........	16	16	XVI	N° 1.
La route suit presque toujours la rive droite de la Tinea.	22	22	XXII	N° 2.

[1] Durandi, *Piemonte Cispadano antic*, page 48.
[2] Voyez l'itinéraire de la page 296 de Wesseling.

*** 55.** *Itinéraire de la route de* BRIGANTIO *(Briançon) à* VAPINCUM *(Gap).*

Itinéraire d'Antonin, page 341.	Milles romains.	Extrait de l'itinéraire de la p. 357.	Milles romains.	Extrait de l'itinér. de Bordeaux à Jérusalem, lu en sens inverse, p. 554.	Milles romains.	Cartes de Cassini, et carte des Alpes de Raymond.	Milles romains.
Brigantione	...	Brigantione	...	Byrigantione	...	Briançon	...
Rame	12	Roame	18	Mutatio Rame	17	La Casse Rome	15
Eburoduno	18	Eburodunum	17	Mansio Hebriduno	17	Embrun	$16\frac{1}{2}$
Caturigas	17	Caturigas	16	Mansio Caturigas	16	Chorges	$14\frac{1}{2}$
Vapincum	12	Vapinco	12	Mansio Vapinco	12	Gap	12

*** 55.** *Itinéraire de la route de* BRIGANTIO *(Briançon)*
à VAPINCUM *(Gap).*

Table Théodosienne, segment 2 B.	Milles romains.	Carte de Cassini, et carte des Alpes de Raymond.	Milles romains.
Brigantione	...	Briançon	...
Rama	19	La Casse Rome	15
Eburuno	17	Embrun	$16\frac{1}{2}$
Caturigomagus	7	Chorges	$14\frac{1}{2}$
Ictodurum	6	La Bastide Vieille	6
Vapincum	6	Gap	6

*** 56.** *Itinéraires de la route de* VAPINCUM *(Gap) à* ARELATE *(Arles).*

Itinéraire d'Antonin, page 342.	Milles romains.	Cartes modernes.	Milles romains.	Itinéraire d'Antonin, page 388.	Milles romains.	Cartes modernes.	Milles romains.
Vapincum	...	Gap	...	Vapincum	...	Gap	...
Alamonte	17	Alamonte	$16\frac{1}{2}$	Alamonte	17	Monestier d'Allemont	$16\frac{1}{2}$
Segusterone	16	Sisteron	16	Segusterone	16	Sisteron	16
Alaunio	24	Passage de la Lauzon à Mont Laurs.	24	Alaunio	24	Passage de la Lauzon à Mont Laurs.	24
Catviaca	16	Opedette sur le Calavon	16	....	...	....	...
Apta Julia	12	Apt	12	Apta Julia	28	Apt	28
Fines	10	Jonction de la Limerque et du Calavon	10	....	...	....	...
Cabillione	12	Cavaillon	12	Cabellione	22	Cavaillon	22
Glano	16	S.-Remy	16	....	...	....	...
Ernagino, confondu avec Ugernum (XII *lisez*)	8	S.-Gabriel	8	....	...	....	...
Arelate	7	Arles	$7\frac{1}{2}$	Arelate	30	Arles	$31\frac{1}{2}$

* 56. *Itinéraire de la route de* Vapincum (*Gap*) à Arelate (*Arles*).

Table Théodosienne, segment 2.	Milles romains	Carte de Cassini, et carte des Alpes de Raymond.	Milles romains
Vapincum.	...	Gap.	...
Alarante.	16	Mouestier d'Allemont.	16
Segusterone.	16	Sisteron.	16
Alaunio.	14	Passage de la Lauzon à Mont-Laurs.	14
Catviaca.	16	Oppedette, sur le Calavon.	16
Apta Julia.	12	Apt.	12
Fines.	10	Confluent de la Limerque avec le Calavon.	12
Cabillione.	12	Cavaillon.	12
Clano.	12	S.-Remy la Lone (en traversant la rivière à Cavaillon, au lieu nommé les *Antiquités*).	12
Ernagino.	8	S.-Gabriel.	8
Arelate.	6	Arles.	7½

57. *Extrait de l'itinéraire de Bordeaux à Jérusalem.*

Extrait de l'itinéraire de Bordeaux à Jérusalem. Wess., p. 552.	Milles romains.	Cartes modernes.	Milles romains.
Civitas *Arellate*	...	*Arles*	...
Ernagine.	8	S.-Gabriel.	7½

58. *Itinéraire de la route* in Alpe Cottia (*Mont Genèvre*) à Cularo (*Grenoble*) *et* Vienna (*Vienne*).

Table Théodosienne, segment 2 B.	Lieues gauloises.	Milles romains.	Cartes modernes de Bourcet, de Cassini, et carte des Alpes de Raymond.	Milles romains.
In Alpe Cottia.	...	...	Mont Genèvre, au vallou de l'Alpet.	... ...
Brigautioue.	4	6	Briançon.	4 6
Stabatione.	8	12	Les Fontenils (entre le Casset et Lauzet).	8 12
Durotinco.	7	11½	Le Villard d'Arène.	7 11½
Mellosecto.	10	15	Bourg d'Oysans, à la rivière.	10 15½
Catorissium.	5	7½	Petit col d'Ornon et Quarele..	5 7½
Culabone.	12	18	Grenoble.	12 18
Morgiuuo.	9	14	Moirans.	9 14
Turccionno.	14	21	Ornacieux.	14 21
Vigenna.	15	22½	Vieuue.	15 22½

*** 59. *Itinéraire de la route de* BRIGANTIO (*Briançon*) *à* VAPINCUM (*Gap*).**

Itinéraire d'Antonin, page 341.	Milles romains.	Itinéraire d'Antonin. Wesseling, p. 357.	Milles romains.	Carte de Cassini, nᵒˢ 151 et 152.	Milles romains.
Brigantione...	...	Brigantioue...	...	Briançon...	...
Rame.	12	Rame sive Roame	18	La Casse Rome	15
Eburoduno	18	Eburodunum	17	Embrun	$16\frac{1}{2}$
Caturigas	17	Carturigas	16	Chorges	$14\frac{1}{2}$
Vapincum	12	Vapineo	12	Gap	12

*** 59. *Itinéraire de la route de* BRIGANTIO (*Briançon*) *à* VAPINCUM (*Gap*).**

Table théodosienne, segment 2.B.	Milles romains.	Cartes de Cassini, nᵒˢ 151 et 152.	Milles romains.
Brigantione...	...	Briançon...	...
Rama	19	La Casse Rome	15
Eburuno	17	Embrun	$16\frac{1}{2}$
Catorigomagus	7	Chorges	$14\frac{1}{2}$
Ictodurum.	6	La Bastide Vieille	6
Vapincum.	6	Gap	6

---

60. *Extrait de l'itinéraire de Bordeaux à Jérusalem, route de* VAPINCUM (*Gap*) *à* BRIGANTIO (*Briançon*).

Wesseling, page 555.	Milles romains.	Cartes modernes.	Milles romains.
Mansio Vapinco	...	Gap	...
Mans. Catorigas	12	Chorges	12
Mans. Hebriduno	16	Embrun	$14\frac{1}{2}$
Inde incipiunt Alpes Cottias.		*Là commencent les Alpes Cottiennes.*	
Mutatio Rame [1]	17	Casse Rom	$16\frac{1}{2}$
Mans. Brigantione	17	Briançon	15

[1] D'après la variante du Ms. royal.

* 61. *Itinéraire de la route de* VAPINCUM (*Gap*) *à* LUGDUNUM (*Lyon*).

Itinéraire d'Antonin. Wesseling, page 357.	Milles romains.	Cartes de Cassini, nᵒˢ 152, 121, 110, 89, 119, 88, 118, 87.	Milles romains.
Vapinco......................	...	Gap..........................	...
Monte Seleuco................	24	La Bastie Mont Saléou.........	24
Luco.........................	26	Luc (par Vaugelas l'Épine)....	26
Dea Vocontiorum.............	12	Die..........................	12
Augusta......................	23	Aoust........................	$22\frac{1}{2}$
Valentia.....................	22	Valence......................	$22\frac{1}{2}$
Ursolis......................	22	Creure Rossolin..............	22
Vienna.......................	26	Vienne.......................	26
Lugduno......................	23	Lyon (par la route à l'ouest)....	23
Per compendium.		**En abrégeant par la route moderne directe.**	
Vienna.......................	...	Vienne.......................	...
Lugduno......................	16	Lyon (à l'entrée, par la route à l'est).	16

---

* 61. *Itinéraire de la route de* VAPINCUM (*Gap*) *à* LUGDUNUM (*Lyon*).

Table Théodosienne, segm. 2 A B D E.	Milles romains.	Cartes de Cassini, nᵒˢ 151, 152, 121, 110, 89, 119, 88, 118, 87.	Milles romains.
Vapinco......................	...	Gap..........................	...
Geminas (XIIII Legio)..........	28	Le clos dans le val Goldemard...	28
Geminas (XIIII Legio)..........	28	Collet de Gras Villars..........	28
Luco.........................	18	Luc..........................	18.
Ad Deam Vocontiorum........	12	Die..........................	12
Augustum (13 *corrigez*).........	23	Aoust........................	$22\frac{1}{2}$
Valentia.....................	22	Valence......................	$22\frac{1}{2}$
Tegna........................	13	Tain (à Tinau)..............	13
Figlenis......................	16	Félines (au Châtelet).........	16.
Vigenna......................	17	Vienne (à Saint-Cyr, par la route à l'est)...................	17.
Lugduno.....................	16	Lyon (à l'entrée, par la route directe à l'est)................	16.

62. *Extrait de l'itinéraire de Bordeaux à Jérusalem, contenant l'itinéraire de la route de* VALENCIA *(Valence)* à VAPINCUM *(Gap).*

Itinéraire d'Antonin. Wesseling, page 554.	Milles romains.	Cartes modernes.	Milles romains.
Civitas Valentia..	...	*Valence*.	...
Mutatio Cerebelliaca	12	*Les Chaberles Montoison*	12
Mansio Augusta	10	*Aoust*	10
Mutatio Daventia (12 *corrigez*)...	8	*Samarans, près de Saillans*	8
Civitas Vocontiorum	16	*Die*	15
Mansio Luco.	12	*Luc*	12
Mutatio Vologatis	0	*Vaugelas*	10

Inde ascenditur Gaura Mons.

On gravit ensuite la chaîne de montagnes qui s'étend depuis Serre jusqu'à Rimusa, et au pied de laquelle est le lieu nommé *Le Ga*.

Itinéraire d'Antonin.	Milles romains.	Cartes modernes.	Milles romains.
Mutatio Cambono	8	*La Combe, au sud de Montclus*...	9
Mansio Monte Seleuci.	8	*Saléon*.	8
Mutatio Daviano	8	*La Beaumette, Dèves et le bois de Dèves (par la Bastie Monsaléon).*	8
Mutatio ad Fines	12	*Blaynie Sept-Fonts (vieux temple).*	12
Mansio Vapinco	11	*Gap*.	11

---

* 63. *Itinéraire de la route de* LUGDUNUM *(Lyon)* à AUGUSTODUNUM *(Autun).*

Itinéraire d'Antonin, page 359.	Lieues gauloises.	Milles romains.	Cartes de Cassini, nᵒˢ 87, 118, 86, 117, 85, 116, 84.	Milles romains.
Lugduno.	...	...	Lyon.	...
Asa Paulini.	10	15	Ause.	15
Lunna.	10	15	S.-Jean d'Ardières (par Belleville).	14½
Matiscone.	10	15	Mâcon.	15
Tinurtium.	14	19	Tournus.	19
Cabillono.	14	21	Châlons (par la route à l'est, par Ouray).	21
Augustodunum	22	33	Autun.	33

* 63. *Itinéraire de la route de* LUGDUNUM (*Lyon*) *à* AUGUSTODUNUM (*Autun*).

Table Théodosienne, segm. 2 A, et segm. 1 C.	Lieues gauloises.	Milles romains.	Cartes de Cassini, nos 87, 118, 86, 117, 85, 116, 84.	Milles romains.
Lugduno...............	...	...	Lyon...............	...
Ludnam...............	16	24	S.-Georges (S.-Renain sur la Vauzonne)...............	24
Mastiscone...............	14	21	Mâcon...............	21
Tenurtio...............	12	18	Tournus...............	19
Cabillone...............	12	18	Châlons...............	18
XII (ad duodecimum)......	12	18	Conches...............	$16\frac{1}{2}$
Augustodunum............	11	$16\frac{1}{2}$	Autun...............	$16\frac{1}{2}$

64. *Itinéraire de la route d'*AUGUSTODUNUM (*Autun*) *à* DURO-CORTORUM (*Reims*).

Itinéraire d'Antonin, page 360.	Lieues gauloises.	Milles romains.	Cartes de Cassini, nos 84, 83, 48, 82, 81, 80, 79, 47.	Milles romains.
Augustodunum............	...	...	Autun...............	...
Sidoleucum...............	18	27	Saulieu...............	27
Aballone...............	16	24	Avallon...............	24
Autesiodorum............	22	33	Auxerre...............	33
Eburobrica...............	12	18	S.-Florentin...............	$18\frac{1}{2}$
Tricassis...............	22	33	Troyes...............	$32\frac{1}{2}$
Arciaca...............	12	18	Arcis-sur-Aube...............	18
Durocatelaunos............	22	33	Châlons...............	33
Duro-Cortoro............	18	27	Reims...............	27

65. *Itinéraire de la route d'*AUGUSTODUNUM (*Autun*) *à* AUGUSTOBONA (*Troyes*).

Table Théodosienne, segment 1 C.	Lieues gauloises.	Milles romains.	Cartes de Cassini, nos 84, 83, 48, 82, 80, 79, 47.	Milles romains.
Augustodunum............	...	...	Autun...............	...
Sidoloco...............	18	27	Saulieu...............	27
Aballo...............	16	24	Avallon...............	24
Autessioduro............	22	33	Auxerre...............	33
Eburobriga...............	12	18	S.-Florentin...............	$18\frac{1}{2}$
Augustobona............	22	33	Troyes...............	$32\frac{1}{2}$

* 66. *Itinéraire de la route de* Duro-Cortorum (*Reims*) *à* Ambianis (*Amiens*).

Itinéraire d'Antonin, page 362.	Lieues gauloises.	Milles romains.	Cartes de Cassini, nᵒˢ 44, 43, 3, 79.	Milles romains.
Duro-Cortoro............	...	...	Reims......................	...
Suessonas...............	25	37½	Soissons..................	37
Noviomago...............	18	27	Noyon.....................	27½
Ambianis...............	23	34½	Amiens....................	34½

* 66. *Itinéraire de la route de* Duro-Cortorum (*Reims*) *à* Samarobriva (*Amiens*).

Table Théodosienne, segment 1 C B.	Lieues gauloises.	Milles romains.	Cartes de Cassini, nᵒˢ 79, 44, 43, 3.	Milles romains.
Duro-Cortoro............	...	...	Reims.....................	...
Augusta Suessonum........	25	37½	Soissons..................	37
Lura (*lisez* Isara).,.........	16	24	Passage d'un pont de l'Oise à Pont-l'Évêque.....................	24
Rodium.................	9	13½	Roye-Église................	14
Setucis.................	10	15	Intersection de la route entre Beaucourt et Mézières............	15
Sammarobriva............	10	15	Amiens....................	15

67. *Itinéraire de la route d'*Ambianis (*Amiens*) *à* Gesoriacum (*Boulogne*).

Itinéraire d'Antonin, page 362.	Lieues gauloises.	Milles romains.	Cartes de Cassini, nᵒˢ 3, 4, 23, 22.	Milles romains.
Ambianis...............	...	...	Amiens....................	...
Pontibus...............	24	36	Pouches (sur l'Authie).........	36
Gessoriaco.............	26	39	Boulogne..................	39

68. *Itinéraire de la route de* Duro-Cortorum (*Reims*) *à* Samarobriva (*Amiens*).

Table Théodosienne, segment 1.	Lieues gauloises.	Milles romains.	Cartes de Cassini, nᵒˢ 3, 4, 5, 21.	Milles romains.
Sammarobriva............	...	...	Amiens......................	...
Duroïco Regum............	14	21	Dourleus (par la route , au nord , à moitié de Haute-Visée).	21
Ad Lullia................	11	16½	S.-Pol (au nord, avant les Trois-Veaux , par la route).........	16½
Lintomagus.	7	10½	Nedonchelles (par la route)......	10½
Castello Menapiorum.......	14	21	Cassel ' (en ligne droite).........	21

69. *Itinéraire de la route de* Duro-Cortorum (*Reims*) *à* Samarobriva (*Amiens*), *selon l'inscription de Tongres, pour l'éclaircissement de la route de* Duro-Cortorum (*Reims*) *à* Gesoriaco (*Boulogne*).

Inscription de la colonne milliaire trouvée à Tongres.	Lieues gauloises.	Milles romains.	Cartes modernes.	Milles romains.
Durocorier...............	...	...	Reims......................	...
Ad Fines................	12	18	Fismes (en ligne droite)........	18
Aug. Suessionum..........	12	18	Soissons....................	18½
Isara...................	16	24	Passage d'un bras de l'Oise à Pont-l'Evêque.....	24
Rovdium................	9	13½	Roye à S.-Médard (à l'entrée)...	13½
Steviae.................	8	12	Intersection de la route entre Beaucourt et Mézières............	12
Samarobriva ²...........	10	15	Amiens.....................	15

70. *Itinéraire de la route de* Nevirnum (*Nevers*) *à* Lutetia (*Paris*).

Table Théodosienne, segm. 1 C.	Lieues gauloises.	Milles romains.	Cartes de Cassini, nᵒˢ 49, 48, 9, 8, 7, 1,	Milles romains.
Ebirno (*lisez* Nevirno)......	...	...	Nevers.....................	...
Massava................	16	24	Mèves.....................	24
Bruloduro.	16	24	La Villeneuve (près Bonny).....	24
Belca..................	15	22½	Beauches..................	22½
Cenabo.................	22	33	Orléans...................	33
Luteci.................	47	70½	Paris,....................	70½

' La route s'arrête à Cassel.

² La dernière distance manque dans l'inscription, qui est plus exacte que l'itinéraire pour *Rodium,* placé par sa mesure à Royes, et non à Roye-Église.

71. *Portion de la route romaine de* BURDIGALA *(Bordeaux)* à AUGUSTODUNUM *(Autun).*

Itinéraire d'Antonin. Wesseling, p. 460.	Lieues gauloises.	Milles romains.	Cartes de Cassini, nᵒˢ 5o, 49, 84.	Milles romains.
Deccidæ	...	...	Decise	...
Alisincum	14	21	Anizy (le Grand)	21
Augustodunum	22	33	Autun	33½

72. *Route d'*AUGUSTODUNUM *(Autun)* à LUTETIA *(Paris),* *en passant par* NEVIRNUM *(Nevers)* *et* GENABUM *(Orléans).*

Itinéraire d'Antonin. Wesseling, page 366.	Lieues gauloises.	Milles romains.	Cartes de Cassini, nᵒˢ 84, 5o, 49, 48, 9, 8, 7, 1.	Milles romains.
Augustoduno	...	...	Autun	...
Alisincum	22	33	Anizy	33½
Decetia (xxIIII *corrigez* xIIII, d'après la page 460)	14	21	Decise	21
Nevirnum (par la variante)	15	22½	Nevers	22⅔
Condate (*Massava*)	24	36	Cosne (*Mèves*)	36
Brivodurum (mesure prise de Massava)	16	24	La Villeneuve	24
Belca	15	22½	Beauches	22½
Genabum	22	33	Orléans	33
Saliocita	24	36	Saclas	36
Lutecia [1]	27	39	Paris	39

73. *Route de* CÆSAROMAGUS *(Beauvais)* à LUTETIA *(Paris).*

Itinéraire d'Antonin. Wesseling, page 384.	Lieues gauloises.	Milles romains.	Cartes de Cassini, nᵒˢ 2, 25, 1.	Milles romains.
Cæsaromago	...	...	Beauvais	...
Petromantalum	17	25½	S.-Clair (au passage de l'Epte)	25½
Briva Isaræ	17	25½	Pontoise	25
Lutetiam	15	22½	Paris (en suivant la route moderne)	22½

[1] Variante du Ms. 723o.

74. *Route de* ROTOMAGUS (*Rouen*) *à* CÆSAROMAGUS *Beauvais*.

Table Théodosienne, segm. 1.	Lieues gauloises.	Milles romains.	Cartes de Cassini, nᵒˢ 2, 25, 1.	Milles romains.
Ratomagus..................	...	...	Rouen (du milieu ou de la place)..	...
Ritumagus...............	8	12	Romilly....................	12
Petrum Viaco............	12	18	Estrépaguy.................	17
Casaromago.............	15	$22\frac{1}{2}$	Beauvais..................	$23\frac{1}{2}$

---

75. *Route de* PETRUM VIACO (*Estrépagny*) *à* LUTETIA (*Paris*).

Table Théodosienne. Van Scheyb, segm. 1 B et C.	Lieues gauloises.	Milles romains.	Cartes de Cassini, 25, 2, 1.	Milles romains.
Petrum Viaco.............	...	...	Estrépagny.................	...
Briva Isaræ (route indiquée par une raie sans distance).	22	33	Pontoise...................	33
Luteci...................	15	$22\frac{1}{2}$	Paris....................	$22\frac{1}{4}$

Le zigzag formé par la raie prouve qu'il y a dans la Table un lieu omis : ce lieu est *Petrom Antalum* ou *Petromantalum* de l'itinéraire ; la route doit être rétablie ainsi :

76. *Route de* PETRUM VIACO (*Estrépagny*) *à* LUTETIA (*Paris*).

Table Théodosienne, segm. 1.	Lieues gauloises.	Milles romains.	Cartes modernes.	Milles romains.
Petrum Viaco............	...	...	Estrépagny.................	...
Petrum Antalum..........	$5\frac{1}{2}$	8	*S.-Clair*................	8
Briva Isaræ.............	17	25	Pontoise...................	25
Luteci...................	15	$22\frac{1}{2}$	Paris....................	$22\frac{1}{4}$

---

77. *Route de* ROTOMAGUS (*Rouen*) *à* LUTETIA (*Paris*).

Itinéraire d'Antonin. Wesseling, 384.	Lieues gauloises.	Milles romains.	Cartes de Cassini, n⁰ˢ 25, 26, 1.	Milles romains.
Rotomagus................	...	...	Rouen.................	...
Uggade.................	9	$13\frac{1}{2}$	Pont-de-l'Arche.............	$13\frac{1}{3}$
Mediolano Aulercorum.....	14	21	Évreux.................	$21\frac{3}{4}$
Durocassis...............	17	$25\frac{1}{2}$	Dreux.................	$25\frac{1}{2}$
Dioduro.................	22	33	Davron.................	33
Lutetia..................	15	$22\frac{1}{2}$	Paris (à la cité).............	$22\frac{1}{2}$

78. *Route de* MEDIOLANUM AULERCORUM (*Évreux*) *à* DUROCASSES (*Dreux*).

Table Théodosienne, segm. 1 B.	Lieues gauloises.	Milles romains.	Cartes de Cassini, n⁰ˢ 26 et 1.	Milles romains.
Mediolano Aulercorum.....	...	...	Évreux.................	...
Condate.................	12	18	Vieux-Conches..............	18
Durocassio..............	10	15	Dreux.................	15
Autricum................	13	$19\frac{1}{2}$	Chartres.................	22

79. *Route de* JULIOBONA (*Lillebonne*) *à* DUROCASSES (*Dreux*).

Itinéraire d'Antonin. Wesseling, page 385.	Lieues gauloises.	Milles romains.	Cartes de Cassini, n⁰ˢ 60, 61, 25, 26.	Milles romains.
Juliobona................	...	...	Lillebonne.................	...
Breviodurum.............	17	$25\frac{1}{4}$	Pont-Authou...............	$25\frac{1}{4}$
Noviomagus.............	17	$25\frac{1}{2}$	Lisieux.................	$25\frac{1}{4}$
Condate.................	24	36	Vieux-Conches...............	36
Durocasis...............	10	15	Dreux.................	15

* 80. *Route de* JULIOBONA (*Lillebonne*) *à* ROTOMAGUS (*Rouen*).

Itinéraire d'Antonin. Wesseling, page 384.	Lieues gauloises.	Milles romains.	Cartes de Cassini, n⁰ˢ 60, 51, 25 et 26.	Milles romains.
Iter a Juliobona Mediolauum.	34	51	De Lilleboune à Évreux, en passant par *Lotum* (Caudebec)....	51.

*** 80.** *Itinéraire de la route précédente de* Juliobona *(Lillebonne)· à* Mediolanum *(Évreux), passant par* Lotum *(Caudebec).*

Itinéraire d'Antonin, page 384, avec l'insertion de la distance intermédiaire donnée p. 382.	Lieues gauloises.	Milles romains.	Cartes de Cassini, nᵒˢ 60, 61, 25 et 26.	Milles romains.
Juliobona................	...	...	Lillebonne....................	
Lotum...................	6	9½	*Caudebec.*....................	9½
Mediolanum....:........	26½	41½	Évreux....................	41½
		51		51

81. *Route de* Juliobona *(Lillebonne) à* Rotomagus *(Rouen).*

Table Théodosienne, segm. 1 B.	Lieues gauloises.	Milles romains.	Cartes de Cassini, nᵒˢ 60, 61, 25 et 26.	Milles romains.
Juliobona................	...	...	Lillebonne....................	
Brevoduro................	18	27	Pont-Authou................	25½
Ratumagus...............	20	30	Rouen....................	31½
		57		57

82. *Route de* Juliobona *(Lillebonne) à* Noviomagus *(Lisieux).*

Itinéraire d'Antonin. Wesseling, page 385.	Lieues gauloises.	Milles romains.	Cartes de Cassini, nᵒˢ 60, 61, 25 et 26.	Milles romains,
Juliobona................	...	...	Lillebonne...........	...
Breviodurum............:	17	25½	Pont-Authou................	25½
Noviomago...............	17	25½	Lisieux....................	25

83. *Itinéraire de la route de* Juliobona *(Lillebonne) à* Durocassis *(Dreux), en passant par* Noviomagus *(Lisieux).*

Itinéraire d'Antonin, rétabli.	Lieues gauloises	Milles romains.	Cartes modernes.	Milles romains.
Juliobona................	...	...	Lillebonne....................	...
Breviodurum.............	17	25½	Pont-Authou................	25½
Noviomago...............	17	25½	Lisieux....................	25½
Condate..................	24	36	Le Vieux-Conches..............	36
Station oubliée............	10	15	Morainville..................	16
Durocasis................	10	15	Dreux....................	15

84. *Route de* Juliobona (*Lillebonne*) *à* Durocasses (*Dreux*), *en passant par* Mediolanum (*Évreux*).

La route directe de *Noviomagus* à Lisieux, à *Condate* (Vieux-Conches), passait par Bernay et la forêt de Beaumont. Un lieu nommé *Quinquarnon*, juste à cinq milles romains au nord-ouest du Vieux-Conches, en indique encore la trace et l'existence.

Table Théodosienne, segment 1.	Lieues gauloises.	Milles romains.	Cartes modernes.	Milles romains.
Juliobona...............	...	...	Lillebonne...................	...
Brevioduro...............	18	27	Pont-Authou................	25
Mediolano (route tracée sans distance)...............	19	28	Évreux...................	28
Condate...............	12	12	Le Vieux-Conches............	12
Durocasio (x *corrigez* xx)...	20	30	Dreux...................	30

85. *Route de* Rotomagus (*Rouen*) *à* Durocassis (*Dreux*).

Itinéraire d'Antonin, Wesseling, p. 384.	Lieues gauloises.	Milles romains.	Cartes de Cassini.	Milles romains.
Rotomagus...............	...	...	Rouen...................	...
Uggade...............	9	$13\frac{1}{2}$	Pont-de-l'Arche (par Louviers)..	$13\frac{1}{2}$
Mediolano-Aulercorum......	14	$21\frac{1}{2}$	Évreux...................	$21\frac{1}{2}$
Durocasis...............	17	$25\frac{1}{2}$	Dreux...................	$25\frac{1}{2}$

86. *Route de* Carocotinum (*Harfleur*) *à* Augustobona (*Troyes*).

Itinéraire d'Antonin. Wesseling, p. 381, 382, 383.	Lieues gauloises.	Milles romains.	Cartes de Cassini, nᵒˢ 60, 24, 25, 2, 1, 7.	Milles romains.
Carocotino...............	...	...	Harfleur (de Gournay ou Cantipou)..	...
Juliobona...............	10	15	Lillebonne...................	15
Lotum...............	6	9	Caudebec...................	9
Ratomago [1]...............	13	$19\frac{1}{2}$	Rouen...................	$19\frac{1}{2}$
Ritumago...............	9	$13\frac{1}{2}$	Romilly...................	12
Petromantalum............	16	24	S.-Clair...................	24
Lutetia (xviii *corrigez* xxxii).	32	48	Paris (en passant par Pontoise)...	48
Mecleto...............	18	$27\frac{1}{2}$	Melun...................	28
Condate [2]...............	15	$22\frac{1}{2}$	Montereau-sur-Yonne............	23
Agredicum...............	13	$19\frac{1}{2}$	Sens...................	21
Clanum...............	17	$25\frac{1}{2}$	Villemaur (à l'est *Launay*)......	25
Augustobona............	13	$19\frac{1}{2}$	Troyes...................	$18\frac{1}{2}$

[1] Variante du Ms. 7230 A.

[2] Variante d'après deux Mss.

87. *Route de* JULIOBONA (*Lillebonne*) *à* AUGUSTOBONA (*Troyes*).

Table Théodosienne, segm. 1 B et C, rétablie.	Lieues gauloises.	Milles romains.	Cartes de Cassini, n°s 64, 24, 25, 2, 1, 7.	Milles romains.
Juliobona	...	...	Lillebonne	...
Lotum	...	...	*Caudebec*	...
Brevoduro	18	27	Pont-Authou	$25\frac{1}{2}$
Ratumagus	20	30	Rouen	30
Ritumagus	8	12	Romilly	12
Petrum Viaco	12	18	Estrépaguy (au passage de la Borde)	17
Petrum Antalum	...	...	*S.-Clair*	...
Brivi Isara	22	33	Pontoise	33
Luteci	15	$22\frac{1}{2}$	Paris	$22\frac{1}{2}$
Meteglo	17	$25\frac{1}{2}$	Melun (à partir de la Cité à Paris)	28
Condate	15	$22\frac{1}{2}$	Montereau-sur-Yonne	23
Riobe	14	21	Orby	$20\frac{1}{2}$
Augustobona	36	54	Troyes	54

88. *Route de* RIOBE (*Orby*) *à* AGEDINCUM (*Sens*).

Table Théodosienne. Von Scheyb, segm. 1 B et C.	Lieues gauloises.	Milles romains.	Cartes de Cassini, n°s 81, 45.	Milles romains.
Condate	...	...	Montereau-sur-Yonne	...
Riobe	14	21	Orby	$20\frac{1}{2}$
Agetincum	26	39	Sens	39

89. *Route de* SAMAROBRIVA (*Amiens*) *à* SUESSIONES (*Soissons*).

Itinéraire d'Antonin, page 380.	Lieues gauloises.	Milles romains.	Cartes de Cassini, n°s 1, 2, 44.	Milles romains.
Samarobriva	...	...	Amiens	...
Curmiliaca	12	18	Cormeilles	20
Cæsaromago	13	$19\frac{1}{2}$	Beauvais	17
Litanobriga	16	27	Pont-S.-Maxence	27
Augustomago	4	6	Verberie (près la rivière d'Autone)	6
Suessonas	22	33	Soissons	33

90. *Route de* CÆSAROMAGUS (*Beauvais*) *à* AUGUSTOMAGUS (*Verberie*).

Table Théodosienne, segm. 1 C.	Lieues gauloises.	Milles romains.	Cartes de Cassini, nᵒˢ 1 et 2.	Milles romains.
Cæsaromagus..	...	...	Beauvais	...
Augustomagus	22	33	Verberie	33

91. *Route de* BAGACUM (*Bavay*) *à* DURO-CORTORUM (*Reims*).

Itinéraire d'Antonin, page 381.	Lieues gauloises.	Milles romains.	Cartes de Cassini, nᵒˢ 42, 43, 78, 79.	Milles romains.
Bagaco Nerviorum	...	...	Bavay	...
Duronum	12	18	Estréung (la Chaussée)	$18\frac{1}{2}$
Verbinum	10	15	Vervins	$16\frac{1}{2}$
Catusiacum.	6	9	Chaourse	$10\frac{1}{2}$
Minaticum	7	$10\frac{1}{2}$	Nizy-le-Comte	$10\frac{1}{2}$
Auxenna	8	12	Menneville	12
Durocortoro	10	15	Reims	$14\frac{1}{2}$

92. *Route de* BAGACUM (*Bavay*) *à* DURO-CORTORO (*Reims*).

Table Théodosienne, segm. 1 C.	Lieues gauloises.	Milles romains.	Cartes de Cassini, nᵒˢ 42, 43, 78, 79.	Milles romains.
Bagaco Nervio	...	...	Bavay	...
Duronum	11	$16\frac{1}{2}$	Estréung	$18\frac{1}{2}$
Vironum	10	15	Vervins	$16\frac{1}{2}$
Ninittaci	13	$19\frac{1}{2}$	Nizy-le-Comte	21
Auxenna	9	$13\frac{1}{2}$	Menneville	12
Durocortoro	10	15	Reims	$14\frac{1}{2}$

93. *Route de* CÆSAROMAGUS (*Beauvais*) *à* AUGUSTOBONA (*Troyes*).

Table Théodosienne, segm. 1 C.	Lieues gauloises.	Milles romains.	Cartes de Cassini, nᵒˢ 2, 44, 45, 46, 81.	Milles romains.
Cæsaromagus	...	...	Beauvais	...
Augustomagus	22	33	Verberie	33
Fixtuinum	16	24	Meaux	24
Calagum	12	18	Chailly	18
Bibe	...	31	Conflant-Marsilly	32
Augustobona (XXII *lisez* XXVII)	...	27	Troyes	27

94. *Route d'*AGEDINCUM *(Sens)* à FIXTUINUM *(Meaux).*

Table Théodosienne, segm. 1.	Lieues gauloises.	Milles romains.	Cartes modernes.	Milles romains.
Agetincum	...	...	Sens	...
Riobe	26	39	Orby	39
Calagum	...	...	Chailly	...
Fixtuinum (Jatinum)	12	18	Meaux	18

95. *Route d'*AUTISSIODURUM *(Auxerre)* à GENABUM *(Orléans).*

Table Théodosienne, segm. 1 C.	Lieues gauloises.	[Milles romains.	Cartes de Cassini, nᵒˢ 46, 47, 7, 8.	[Milles romains.
Autessioduro	...	...	Auxerre	...
Bandritum	7	10½	Bassour-Bounard	10½
Agetiucum (xxv)	17	25½	Seus	25
Aquis Segestæ	22	33	Ruines au nord de Sceaux	34
Fiues (xxII)	15	22	Forêt d'Orléans (entre Cour-Dieu et Philissanet	22
Cenabo (xv)	10	15	Orléans	15

96. *Itinéraire de la route de* LIMONUM *(Poitiers)* à CÆSARODUNUM *(Tours).*

Table Théodosienne, segment 1.	Lieues gauloises.	Milles romains.	Cartes de Cassini.	Milles romains.
Lemuno	...	...	Poitiers	...
Casaroduno	42	63	Tours	63

97. *Itinéraire de la route de* LIMONUM *(Poitiers)* à NAMNETUM *(Nantes).*

Table Théodosienne, indiquée sans distance.	Lieues gauloises.	Milles romains.	Cartes modernes.	Milles romains.
Lemuno	...	...	Poitiers	...
Portu Namueta	...	...	Nantes	...

III.   8

98. *Itinéraire de la route de* Juliomagus (*Angers*) *à* Namnetum (*Nantes*).

Table Théodosienne, segment 1.	Lieues gauloises.	Milles romains.	Cartes modernes.	Milles romains.
Juliomago	...	...	Angers	...
Segora	18	27	Ségré	27
Portu Namnetu	33	49½	Nantes	49½

99. *Route de* Juliomagus (*Angers*) *à* Cæsarodunum (*Tours*) *et à* Genabum (*Orléans*).

Table Théodosienne, segment 1.	Lieues gauloises.	Milles romains.	Cartes de Cassini.	Milles romains.
Juliomagus	...	...	Angers	...
Robrica	17	25½	Pont de la Tronne	25½
Casaroduno	29	43½	Tours	43½
Cenabo	51	76½	Orléans	76½

100. *Itinéraire de la route de* Juliomagus (*Angers*) *à* Gesobrivates (*Brest*).

Table Théodosienne, segment 1 A, B.	Lieues gauloises.	Milles romains.	Cartes de Cassini, n°ˢ 98, 130, 131, 159, 158, 172, 171, 170.	Milles romains.
Juliomago	...	...	Angers	...
Portu Namnetu	...	...	Nantes	...
Duretie	29	43½	La Roche-Bernard (à Villa *Drin*).	44
Dartoritum	20	30	Vannes	30
Sulim	20	30	Hennebon (près de S.-Sulan)	30
Vorgium	24	36	Concarneau (à *Keverguen*)	36
Gesocribate	45	67½	Brest	67

101. *Itinéraire de la route d'*Alauna (*Alleaume*), *près de Valognes, à* Condate (*Rennes*).

Itinéraire d'Antonin, Wesseling, page 386.	Lieues gauloises.	Milles romains.	Cartes de Cassini.	Milles romains.
Alauna	...	...	Alleaume (ruines d'un cirque romain près de Valognes)	...
Cosediæ	20	30	Pont Tardif et la Cousinière	30
Fano Martis	32	48	Tanie	48
Ad Fines	7	10½	Antrain	10½
...	...	...	...	...
Condate [1]	19	28	Rennes	27

[1] Variante du Ms. 4808.

102. *Itinéraire de la route de* CORIALLUM (*Cherbourg*)
à CONDATE (*Rennes*).

Table Théodosienne, segment 1 A B.	Lieues gauloises.	Milles romains.	Cartes modernes.	Milles romains.
Coriallo...............	...	...	Cherbourg................	...
Cosediæ...............	29	43½	Pont-Tardif et la Cousinière.....	43½
Legedia...............	19	28½	Villebaudon, près Lézeau.......	28½
Condate...............	49	73½	Rennes..................	73½

103. *Itinéraire de la route de* REGINEA (*Granville*)
à CONDATE (*Rennes*).

Table Théodosienne, segment 1.	Lieues gauloises.	Milles romains.	Cartes modernes.	Milles romains.
Reginea................	...	...	Granville..................	...
Fano Martis.............	14	21	Tauie....................	21
Condate................	25	37½	Rennes,..................	37

104. *Itinéraire de la route de* GENABUM (*Orléans*)
à JULIOMAGUS (*Angers*).

Table Théodosienne, segm. 1 B.	Lieues gauloises.	Milles romains.	Cartes de Cassini.	Milles romains.
Cenabo................	...	...	Orléans..................	...
Casaroduno.............	51	76½	Tours...................	76½
Robrica................	29	43½	Pont de la Tronne...........	43½
Juliomago..............	17	25½	Angers..................	25½

105. *Itinéraire de la route de* JULIOMAGUS (*Angers*)
à CONDATE (*Rennes*).

Table Théodosienne, segm. 1 A B.	Lieues gauloises.	Milles romains.	Cartes modernes.	Milles romains.
Juliomago..............	...	...	Angers..................	...
Combaristum............	16	24	Combré..................	29
Sipia.................	16	24	Visseiche................	22
Condate...............	16	24	Rennes,.................	21½
		72		72½

106. *Itinéraire de la route de* Condate (*Rennes*) *à* Reginea (*Granville*).

Table Théodosienne, segm. 1 A B.	Lieues gauloises	Milles romains.	Cartes modernes.	Milles romains.
Condate..................	...	...	Rennes..... ....\..........	...
Fano Martis..............	25	37½	Tauie......................	37½
Reginea.......	14	21	Granville...................	21

107. *Itinéraire de la route d'*Alauna (*Alleaume*) (*Valognes*) *à* Cæsarodunum (*Tours*).

Table Théodosienne, segm. 1 A B, rétablie.	Lieues gauloises	Milles romains.	Cartes de Cassini.	Milles romains.
Alauna..................	...	...	Alleaume à Valogues...........	...
Cronciaconnum...........	7	10½	Ste-Marie-du-Mont, et la Baie du Vez, près Audouville.........	10½
Augustoduro.............	21	31½	Bayeux.....................	31½
Veocæ, sive civ. Viducassium	13	19	*Vieux*	19
Arægenue................	24	36	Argentan	36
Nudionum (sans chiffre)....	40	60	Jubleins...................	60
Subdinnum	29	43½	Le Mans...................	43½
Fines	16	24	Les Trois-Bornes (près Château-du-Loir)...................	24
Casaroduno (sans chiffre)...	20	30	Tours......................	30

108. *Itinéraire de la route de* Subdinum (*le Mans*) *à* Autricum (*Chartres*) *et* Durocasses (*Dreux*).

Table Théodosienne, segment 1.	Lieues gauloises.	Milles romains.	Cartes modernes.	Milles romains.
Subdinnum..............	...	...	Le Mans...................	...
Mitricum (*lisez* Autricum)...	50	75	Chartres...................	75
Durocassio..............	13	19½	Dreux...:.................	21

109. *Itinéraire de la route de* ROTOMAGUS (*Rouen*) *à* CORIAL-LUM (*Cherbourg*), *selon divers monumens géographiques.*

Indication des monumens.	Noms anciens.	Lieues gauloises.	Milles romains.	Cartes modernes.	Milles romains.
Table.	Ratumagus.	...	...	Rouen.............	...
	Brevioduro.	20	30	Pont-Autou........	30
Itinéraire........	Noviomagus..........	17	25½	Lisieux.....	25
Colonne milliaire..	Milliaire xxv, trouvé à 4500 toises au sud-est de Caen à Frenouville.	...	25	Frenouville........	24½
Inscription de To-rigny.........	Civitas Viducassium...	...	11	Village de Vieux, à 5000 toises au sud-ouest de Caen....	11
Table et inscrip-tions.........	Augustodurus , Civitas Baiocassium........	...	19	Bayeux , sur la ri-vière	19
	Crotiatonum....., ...	21	31½	Ste.-Marie-du-Mont et la Baie du Vez. ...	31½
	Alauna..	7	10½	A l'amphithéâtre d'Al-leaume, près Valo-gue.............	10½
	Coriallum , ...	...	14	Vieux-Cherbourg. ...	14

110. *Itinéraire de la route de* CÆSARODUNUM (*Tours*) *à* ALAUNA (*Alleaume*).

Table Théodosienne, segment A et B, rétablie.	Lieues gauloises.	Milles romains.	Cartes de Cassini.	Milles romains.
Casaroduno.............	...	. .	Tours.............	. .
Fines..............	...	30	Chateau-du-Loir...........	30
Subdinum.............	16	24	Le Mans............	24
Nudionnum...........	29	43	Juhleius	43½
Aræguuæ...........	...	43	Argentau	43½
Civitas Viducassium	24	36	*Vieux* (au midi de Caen).......	36
Augustodurus...........	...	19	Bayeux............	19
Croueiaconnum..........	21	31½	Ste-Marie-du-Mont ; Baie du Vez près Audouville...........	31½
Alauna.............	7	10½	L'amphithéâtre d'Alleaume (près Valognes)	10½

111. *Itinéraire de la route de* GESORIACUM *(Boulogne)* à BAGACUM *(Bavay)*.

Itinéraire d'Antonin. Wesseling, p. 376.	Lieues gauloises.	Milles romains.	Cartes de Cassini, n°s 40 et 41.	Milles romains.
Gesoriaco	...	...	Boulogue	...
Taruenua	18	27	Therrouenue	$32\frac{1}{2}$
Castello [1]	14	21	Cassel	16
Viroviacum	16	24	Werwick (en ligne droite)	$26\frac{1}{2}$
Turnacum	16	24	Tournay (en ligne droite)	22
Poute Scaldis	12	18	Escaut-Pout	18
Bagacum	12	18	Bavay	$17\frac{1}{2}$

112. *Itinéraire de la route de* GESORIACUM *(Boulogne)* à BAGACUM *(Bavay)*.

Table Théodosienne, segment I A D, rétablie.	Lieues gauloises.	Milles romains.	Cartes de Cassini, n°s 40 et 41, de Ferrari, 12 et 17.	Milles romains.
Gesogiaco quod nunc Bononia	...	...	Boulogue	...
Taruenna	...	...	Terrouanue	...
Castello Menapiorum	24	36	Cassel	$34\frac{1}{2}$
Vironino	12	18	Verwicke	$26\frac{1}{2}$
Turnaco	11	$16\frac{1}{2}$	Tournai	22
Ponte Scaldis	12	18	Escaupout	18
Bagaconervio	10	15	Bavay	$17\frac{1}{2}$

113. *Itinéraire de la route de* CASTELLUM *(Cassel)* à TURNACUM *(Tournay)*.

Itinéraire d'Antonin, p. 377.	Lieues gauloises.	Milles romains.	Cartes de Cassini, n°s 5 et 4.	Milles romains.
Castello	...	...	Cassel	...
Minariacum	11	$16\frac{1}{2}$	Merville	$16\frac{1}{2}$
Turnacum	27	$40\frac{1}{2}$	Tournai	$40\frac{1}{2}$

114. *Itinéraire de la route de* CASTELLUM *(Cassel)* à BAGACUM *(Bavay)*.

Itinéraire d'Antonin, p. 377.	Lieues gauloises.	Milles romains.	Cartes de Cassini, n°s 40, 41 et 42.	Milles romains.
Castello Colonia	...	...	Cassel	...
Minariacum	11	$16\frac{1}{2}$	Merville (Merghem)	$16\frac{1}{2}$
Nemetacum	19	$28\frac{1}{2}$	Arras	$28\frac{1}{2}$
Camaracum	14	21	Cambray	21
Bagacum	18	27	Bavay	27

[1] Variante du Ms. 7230.

115. *Itinéraire de la route de* TERUENNA (*Thérouenne*) *à* BAGACUM (*Bavay*).

Table Théodosienne, segment 1 B, rétablie.	Lieues gauloises.	Milles romains.	Cartes de Cassini.	Milles romains.
Gesogiaco quod nunc Bononia	...	...	Boulogne	...
Taruenna	24	36	Thérouenne	$34\frac{1}{2}$
Nemetaco	22	33	Arras	$34\frac{1}{2}$
Cameraco	14	21	Cambrai	21
Hermomacum (XL. *lisez* XI)	11	$16\frac{1}{2}$	Bermerain	16
Bagacouervio	8	12	Bavay	$12\frac{1}{2}$

116. *Itinéraire de la route de* CASTELLUM (*Cassel*) *à* NEMETACUM (*Arras*).

Inscription de la colonne milliaire trouvée près de Tongres [1].	Lieues gauloises.	Milles romains.	Cartes de Cossini, n°s 4 et 5.	Milles romains.
Castello	...	...	Cassel	...
Fines Atrebatum	14	$21\frac{1}{2}$	Béthune et Annezin	$21\frac{1}{2}$
Nemetacum	14	$21\frac{1}{2}$	Arras	$21\frac{1}{2}$
Ad *Atuatuca Tungrorum*	...	...	*Tongres*	...
Et *Colonia Agrippina*	...	...	*Cologne*	...

117. *Itinéraire de la route de* TARUENNA (*Thérouenne*) *à* TURNACUM (*Tournay*).

Itinéraire d'Antonin, page 378.	Lieues gauloises.	Milles romains.	Cartes de Cassini, n°s 4, 5, 41 et 4.	Milles romains.
Taruenna	...	...	Thérouenne	...
Nemetacum	22	33	Arras	$34\frac{1}{3}$
Turnacum	27	$40\frac{1}{2}$	Tournay (par la route de Douay).	40

118. *Itinéraire de la route de* TARUENNA (*Thérouenne*) *à* NEMETACUM (*Arras*).

Table Théodosienne, segment 1 B.	Lieues gauloises	Milles romains.	Cartes de Cassini, n°s 4 et 5.	Milles romains.
Tarruenna	...	...	Thérouenne	...
Nemetaco	22	33	Arras	34

[1] Pour cette colonne milliaire, voyez Hennequin, *De Origine et naturâ principatûs urbis Trajecti ad Mosam medio ævo,* in-8°, p. 11, avec le *fac-simile,* à la fin. — *Nouvelles Archives des Pays-Bas,* novembre 1829, page 168. — Et dans la Notice alphabétique à la suite de ces itinéraires.

119. *Itinéraire de la route de* TARUENNA (*Thérouenne*) *à* DURO-CORTORUM (*Reims*).

Itinéraire d'Antonin, page 379.	Lieues gauloises.	Milles romains.	Cartes de Cassini, nᵒˢ 42, 43 et 44.	Milles romains.
Taruenna...............	...	...	Thérouenne...............	...
Nemetacum..............	22	33	Arras	34
Camaracum..............	14	21	Cambrai...............	21
Augusta Veromandorum....	18	27	S.-Quentin.............	27
Coutra Aginuum, *sive* Agnum.	13	19½	Amigny-Rou, près Coudreu.....	19
Augusta Suessonum........	12	18	Soissons................	18½
Fines.................	13	19½	Fismes à Fiuettes............	19½
Durocortoro............	12	18	Reims..................	18½

120. *Itinéraire de la route de* TARUENNA (*Thérouenne*) *à* DURO-CORTORUM (*Reims*).

Table Théodosienne, segment 1 B.	Lieues gauloises.	Milles romains.	Cartes de Cassini, nᵒˢ 42, 43 et 44.	Milles romains.
Taruenna...............	...	...	Théroeunne...............	...
Nemetaco...............	22	33	Arras.................	34
Cameraco...............	14	21	Cambrai...............	21
Augusta Viromuduorum....	18	27	S.-Quentin.............	27
....	...	...	....	...
Augusta Suessonum........	25	37½	Soissons................	37
....	...	...	....	...
Duro-Cortoro (sans chiffre).	25¾	38⅓	Reims.................	38⅓

121. *Itinéraire de la route directe entre* NEMETACUM (*Arras*) *et* SAMAROBRIVA (*Amiens*).

Itinéraire d'Antonin, page 379.	Lieues gauloises.	Milles romains.	Cartes de Cassini, nᵒˢ 3 et 4.	Milles romains.
Samarobriva...............	...	...	Amiens (du sud ouest)........	...
Nemetaco (XVI *corrigez* XXVI).	26	39	Arras (au centre).............	39

122. *Itinéraire de la route de* SAMAROBRIVA (*Amiens*) *à* NEMETACUM (*Arras*).

Table Théodosienne, segment 1 B.	Lieues gaulois s.	Milles romains.	Cartes de Cassini, nᵒˢ 3 et 4.	Milles romains.
Sammarobriva.............	...	...	Amiens...............	...
Teucera................	12	18	Thièvres sur l'Autie...........	18
Nemetaco...............	13	19½	Arras.................	19½

123. *Itinéraire de la route de* SAMAROBRIVA (*Amiens*) *à* TARUENNA (*Thérouenne*).

Table Théodosienne, segment 1 B.	Lieues gauloises.	Milles romains.	Cartes de Cassini, nos 3, 4 et 5.	Milles romains.
Sammarobriva...	...	...	Amiens...	...
Teucera...	12	18	Tièvres...	18
Duroïco-Regum...	5	7	Dourlens...	7
Ad Lullia...	11	16½	S.-Pol...	16½
Jonction des deux routes...	9	13	Auchy (jonction des routes)...	13
Teruanna...	5	7½	Thérouenne...	7½

124. *Itinéraire de la route de* AUG. SUESSIONUM (*Soissons*) *à* DURO-CORTORUM (*Reims*).

Inscription de Tongres, deuxième face.	Lieues gauloises.	Milles romains.	Cartes modernes.	Milles romains.
Aug. Suessionum...	...	...	Soissons...	...
Ad Fines...	12	18	Fismes (en ligne droite)...	18
Durocorier...	12	18	Reims...	18½

125. *Itinéraire de la route de* MEDIOLANUM (*Saintes*) *à* VESUNNA (*Périgueux*).

Table Théodosienne, segment 1 D et E.	Lieues gauloises	Milles romains.	Cartes de Cassini.	Milles romains.
Mediolano Saneorum...	...	...	Saintes...	...
Condate...	10	15	Merpins (au confluent de la Charente et de la rivière Né)...	15
Sarrum...	20	30	Oum ou Houm...	30
Fines (transporté de l'autre route)...	14	21	La Tour-Blanche...	20½
Vesunna...	14	21	Périgueux...	21

126. *Itinéraire de la route d'*AUGUSTORITUM (*Limoges*) *à* AVARICUM (*Bourges*).

Table Théodosienne, segment 1.	Lieues gauloises.	Milles romains.	Cartes de Cassini.	Milles romains.
Ausrito...	...	...	Limoges...	...
Pretorio...	14	21	Pourrioux...	21
Acitodunum...	18	27	Ahun...	27
Mediolano...	24	36	Montmeillan...	36
Avaricum...	28	42	Bourges...	42

127. *Itinéraire de la route d'*Avaricum (*Bourges*) *à* Augusta Nemetum (*Clermont*).

Table Théodosienne, segment 1.	Lieues gauloises.	Milles romains.	Cartes de Cassini.	Milles romains.
Avaricum..................	...	...	Bourges	...
Mediolanum (confondu avec un autre lieu)...........	28	42	Vallon en Sully..............	42
Aquis Neri................	12	18	Neris.....................	18
Cantilia..................	15	22	Chantelle-la-Vieille..........	22
Augusta Nemete..........	24	36	Clermont..................	36

128. *Itinéraire de la route d'*Avaricum (*Bourges*) *à* Aquæ Neræ (*Néris*).

Colonne trouvée à Alichamp. Caylus, tome III, page 372, planche 102, n.os 1 et 2.	Lieues gauloises.	Milles romains.	Cartes de Cassini.	Milles romains.
Avaricum..................	...	...	Bourges....................	...
Leugas (xiv)..............	14	21	Alichamp	$22\frac{1}{2}$
Aquæ Neræ (xxv).........	25	$37\frac{1}{2}$	Néris.....................	$37\frac{1}{2}$

129. *Itinéraire de la route d'*Augustoritum (*Poitiers*) *à* Argentomagus (*Argenton*).

Table Théodosienne, segment 1.	Lieues gauloises.	Milles romains.	Cartes de Cassini.	Milles romains.
Ausrito...................	...	...	Limoges...................	...
Pretorio..................	14	21	Pourrioux..................	21
Argentomago (sans chiffre)..	...	48	Argenton..................	48

130. *Route d'*Argentomagus (*Argenton*) *à* Aquæ Neræ (*Néris*).

Table Théodosienne, segment 1.	Lieues gauloises.	Milles romains.	Cartes de Cassini.	Milles romains
Argentomago................	...	...	Argenton	...
Mediolano (le chiffre manque)...................	...	36	Montmeillant................	36
Aquis Neri (le chiffre manque[1])...............	...	32	Neris.....................	32

[1] Les chiffres appartiennent à une autre route.

131. *Itinéraire de la route d'*AVARICUM (*Bourges*) *à* MEDIOLANUM (*Saintes*).

Colonne milliaire trouvée à Alichamp. Caylus, tome III, page 372, planche 102.	Lieues gauloises.	Milles romains.	Cartes de Cassini.	Milles romains.
Avaricum.	...	...	Bourges.	22½
Leugas (XIIII)	14	21	Alichamp.	22½
Mediolanum	12	18	Château-Meillant.	20½

132. *Itinéraire de la route de* CÆSARODUNUM (*Tours*) *à* AVARICUM (*Bourges*).

Table Théodosienne, segment 1 B.	Lieues gauloises.	Milles romains.	Cartes modernes.	Milles romains.
Casaroduno.	...	...	Tours.	...
Tasciaca (en passant par Ambacia (Amboise).	24	36	Thesée.	36
Gabris.	13	19½	Chabris.	20
Avaricum (XXIIII *corrigez* XXVIII)	28	42	Bourges.	42

133. *Itinéraire de la route d'*AUGUSTODUNUM (*Autun*) *à* AQUÆ BORVONIS (*Bourbon-l'Archambault*).

Table Théodosienne, segmens 1 et 2.	Lieues gauloises.	Milles romains.	Cartes de Cassini.	Milles romains.
Augustodunum.	...	...	Autun.	...
T. Lonno.	12	18	Grand et petit Thely.	18
Pocrinio.	12	18	Perigny et S.-Laurent-les-Prignons ou Brinons.	18
Suillia	14	21	Thiel, près Montbeugny.	21
Aquæ Bormonis.	16	24	Bourbon-l'Archambault.	24

134. *Itinéraire de la route de* SITILLIA (*Thiel*) *à* RODUMNA (*Rouanne*).

Table Théodosienne, segment 1.	Lieues gauloises.	Milles romains.	Cartes de Cassini.	Milles romains.
Suillia.	...	...	Thiel, près de Montbeugny.	...
Roidomna	...	51	Rouanne.	51

135. *Itinéraire de la route de* Decetia *(Decise)* à Aquæ Nisencii *(Bourbon-Lancy).*

Table Théodosienne, segment 1.	Lieues gauloises.	Milles romains.	Cartes de Cassini.	Milles romains.
Degeua	...	...	Decise	...
Aquis Nisencii	14	21	Bourbon-Lancy	21

* 136. *Premier itinéraire de la route de* Decetia *(Decise)* à Augustodunum *(Autun).*

Table Théodosienne, segm. 1 et 2.	Lieues gauloises	Milles romains.	Cartes de Cassini.	Milles romains.
Degeua	...	...	Decise	...
Boxum	22	33	Buis et S.-Léger (par la route indiquée ci-contre)	33
Augustodunum	8	12	Autun	12

* 136. *Deuxième itinéraire de la route de* Decetia *(Decise)* à Augustodunum *(Autun).*

Table Théodosienne, segmens 1 et 2.	Lieues gauloises	Milles romains.	Cartes de Cassini.	Milles romains.
Degeua	...	...	Decise	...
Aquis Nisencii (confondu avec Alisincum)	14	21	Anizy	21
Augustodunum	22	33	Autun	33

137. *Itinéraire de la route d'*Augustodunum *(Autun)* à Decetia *(Decise).*

Table Théodosienne, segmens 2 et 1.	Lieues gauloises.	Milles romains.	Cartes de Cassini.	Milles romains.
Augustodunum	...	...	Autun	...
Boxum	8	12	Buis, près S.-Léger	12
Aquis Nisencii	22	33	Bourbon-Lancy	31
Degeua	14	21	Decise	21

*138. *Premier itinéraire de la route de* LUGDUNUM (*Leyde*) *à* ARGENTORATUM (*Strasbourg*) *et à* VEMANIA (*Immenstadt*).

Itinéraire d'Antonin, pages 368 et 351.	Lieues gauloises.	Milles romains.	Cartes de Wiebeking, de Sepp, de Hardy, de Cassini, de Weiss, d'Amann.	Milles romains.
Lugduno	...	...	Leyde	...
Alphinianis	...	10	Alphen	10
Trajecto	17	25½	Utrecht	24
Manuaritia	10	15	Maaren	15
Carvone	11	16	Rhenen	15
Harenatio	17	25	Arth et Herwen	25
Burginatio	4	6	Schanken-Schantz	6
Colonia Trajana	3	5	Kellen	5
Castra Ulpia Trajana	26	39	*In-der Poll-Alpen-Xanten*	39
Veteribus	1	1½	Buderich-Wesel-Werich	1½
Colonie	...	18	Colonie, près de Douisbourg	18
Novesiæ	18	27	Neuss ou Nuys	27
Colonia Agrippina	16	24	Cologne	24
Bonna	11	16½	Bonne	16½
Autumnaco	17	25½	Andernach	26
Confluentibus	9	13½	Coblentz	13½
Vinco	26	39	Bingen	39
Noviomago	34	51	Neumagen	51
Treveros	11	16½	Trèves	16
Divodurum	36	54	Metz	54
Ponte Sarvix (*lisez* Decem Pagis)	24	36	Saar alt roff (Dieuse)	36
Argentorato	...	...	Strasbourg	...
Helveto (XXVIIII, VIIII *lisez*)	12	18	Elle et Benfelden	18
Monte Brisiaco	19	28	Vieux-Brisach	28
Uruncis	...	23	Illzach (au confluent de l'Ill et de la Doller)	23
Artabbinno	...	22	Binningen ou Bingen	22
Rauracis (XXVII *omettez*)	6	9	Kayser Augst	...
Vindonissa	27	40	Windisch	40
Station inconnue	6	9	*Kloffen, près Biddendorff*	9
Vitoduro	15	23	Winterthür	29
Finibus	14	22	Pfyn	16
Arbore Felici	20	30	Arbon	30
Brigantia	14	20	Bregentz	19
Vemania	...	24	Immenstadt	24

* 138. *Deuxième itinéraire de la route de* LUGDUNUM (*Leyde*) *à* ARGENTORATUM (*Strasbourg*) *et à* VEMANIA (*Immenstadt*).

Table Théodosienne, segm. 1 A B C, segm. 2 A B C.	Lieues gauloises.	Milles romains.	Cartes de Wiebcking, de Sepp, de Hardy, de Rheinwald et Dewart, de Cassini, de Weiss, d'Amann.	Milles romains.
Lugduno	...	...	Leyde (du milieu de la ville)	...
Pretorium Agrippine		2	Römburg	2
Matilone		3	Rynenburg	3
Albauianis		5	Alphen (en allant droit sans suivre le grand détour du Rhin)	5
Nigro Pullo		2	Swadenburger	2
Lauri		5	Bykeness-Whyport	5
Fletione	8	12	Fleuten (*confondu avec* Trajecto : on passe le Rhin à Bruchdyck)	12
Trajecto (oublié)		4	Utrecht (*oublié ou confondu avec* Fleuten)	4
Levefanum		16	Leersum (un peu plus à l'est)	16
Carvone		8	Rhenen	8
Castra Herculis		13	Hervelt (en passant le Rhin à Wageniugen)	13
Noviomagi		8	Nimegen	8
Arenatio		10	Arth et Herwen	10
Burginatio		6	Schenken-Schautz	6
Colo. Trajana		5	Kellen	5
Veteribus		40	Buderich-Wesel-Werich	40
Asciburgia		13	Aesberg (en allant droit par Haaleu)	13
Novesio	14	21	Neuss ou Nuys (en suivant le Rhin)	21
Agripina	16	24	Cologne (par la route)	24
Bonnæ	11	16½	Bonue (par la route)	16
Rigomagus	8	12	Rimagen (par la route)	13
Autumnaco	9	13½	Andernach	13½
Confluentes	9	13½	Coblentz	13½
Bontobrice	8	12	Boppart	12
Vosavia	9	13½	Ober-Wesel	13½
Bingium	9	13½	Bingen	13½
Mogontiaco	12	18	Mayence	18
Bonconica	9	13½	Oppenheim	12
Borgetomagi	11	16½	Worms	16½
Noviomagus	13	19½	Speyr	21
Tabernis	12	18	Rhein Zabern	17½
Saletione	11	16½	Seltz	19
Brocomagus	18	27	Brumat	24
Argentorate	7	10½	Strasbourg	11½
Helellum	12	18	Elle et Benfelden	18
Argentovaria	12	18	Artzenheim	18
Cambete (xii *lisez* xxii)	22	33	Gross Kembs	33
Arialbiunum	7	10½	Binningen ou Bingen	10½
Augusta Rauracum	6	9	Kayser Augst	9
Vindonissa	22	33	Vindisch (en suivant le Rhin jusqu'à Lauffenbourg)	33
Ad Fines	30	45	Pfyn	45
Arbor Felix	21	31½	Arbon	30
Ad Rhenum (*transposé*)		9	Rheinek	9
Brigantia		10	Bregentz	10
Ad Rhenum (*faussement mis ici pour une autre station*)		9	*Station dont le nom a été omis,* Sulzberg	9
Vemania		15	Immenstadt	15

*139. *Premier itinéraire de la route de* VEMANIA (*Immenstadt*) *à* LUGDUNUM (*Leyde*).

Itinéraire d'Antonin. Wessel., p. 237, 259, 368 et 252.	Lieues gauloises.	Milles romains.	Cartes d'Amann, de Weiss, de Cassini, de Haas, de Rheinwald et Wart, de Lecoq, de Wiebeking, de Scep.	Milles romains.
Vemania		...	Immenstadt	...
Brigantia		24	Bregentz	24
Arbore Felici		20	Arbon	19
Finibus		30	Pfyn	30
Vitoduro		22	Winterthür	16
Vindonissa		23	Windisch	29
Rauracis		27	Kayser Augst	27
Aïtalbinno (Legio xxvii)		9	Binningen ou Bencken	9
Uruncis		22	Illzach (au confluent de l'Ill et de la Doller	22
Monte Brisiaco [1]		23	Vieux-Brisach	23
Helveto	19	28	Elle et Benfelden	28
Argentorato (xxviii Leg. viiii *lisez*)		18	Strasbourg	18
Brocomago (xx *corrigez* x)		10	Brumat	11½
Concordia [2]	20	30	Lauterbourg	30½
Noviomago	20	30	Spire	30½
Bingio (xxv)		...	Bingen	...
Baudobrica (replacé ici)		...	*Boppart*	...
Autumnaco		...	Andernach	...
Bonna		...	Bonne	...
Colonia Agrippina	11	16½	Cologne	16½
Durnomago *lisez* Burunco	7	10	Woringen	10½
Burunco *lisez* Durnomago	5	7	Dorrmagen	3
Novesio	5	7	Neuss	10½
Gelduba	7	10½	Cellep ou Gelloup	10½
Calone	9	13½	Haalen-Kievelt	13½
Veteribus	7	10½	Buderich-Wesel-Werisch	10½
Ad Castra (*Legio* 30 *Ulpia Trajana*)		...	In der Poll Alpen	1½
Colonia Trajana		...	Kellen	...
Burginatio (vi *lisez* v)		5	Schenkenschantz	5
Harenacio (x *lisez* vi)		6	Arth et Herwen	6
Carvone		12	Veene Daal	12½
Mannaritio		16	Maaren	15
Trajecto		15	Utrecht	15
Albinianis	17	25½	Alphen	24
Lugduno		10	Leyde	10

[1] Par la variante xxiii entre Uruncis et Mons Brisiacus.

[2] Selon la variante donnée par Wesseling, le manuscrit de Longolianus porte xx.

* 139. *Deuxième itinéraire de la route de* VEMANIA *(Immenstadt)* à LUGDUNUM *(Leyde).*

Table Théodosienne, segm. 1 A B C, segm. 2 A.	Lieues gauloises.	Milles romains.	Cartes d'Amann, de Cassini, de Haas, de Rheinwald et Dewart, de Hardy, de Wiebeking, de Lecoq, de Sepp.	Milles romains.
Vemania	...	...	Immenstadt	...
Ad Rhenum (*mis faussement ici pour une autre station*).	...	15	Sulzberg	15
Brigantia	...	9	Bregentz	9
Ad Rhenum (transposé)	...	10	Rheinek	10
Arbor Felix (*chiffre qui accompagne* Ad Rhenum)	6	9	Arbon	9
Ad Fines	21	31½	Pfyn	30
Vindonissa	...	...	Windisch	...
Augusta Rauracorum	22	33	Augst	33
Arialbinnum	6	9	Binningen	9
Cambete	7	10½	Gross Kembs	10½
Argentovaria (XII *lisez* XXII)	22	33	Artzenheim	33
Helellum	12	18	Elle et Benfelden	18
Argentorate	12	18	Strasbourg	18
Brocomagus	7	10½	Brumat	11½
Saletione	18	27	Seltz	24
Tabernis	11	16½	Rhein Zabern	19
Noviomagus	12	18	Speyr	17½
Borgetomagi	13	19½	Worms	21
Bonconica	11	16½	Oppenheim	16½
Mogontiaco	9	13½	Mayence	12
Bingium	12	18	Bingen	18
Vosavia	9	13½	Ober-Wesel	13½
Bontobrice	9	13½	Boppart	13½
Confluentes	8	12	Coblentz	12
Autumnaco	9	13½	Andernach	12
Rigomagus	9	13½	Rimagen	13½
Bonnæ	8	12	Bonne	13½
Agripina	11	16½	Cologne	16½
Novesio	16	24	Neuss ou Nuyss	24
Asciburgia	14	21	Aesberg	21
Veteribus	...	13	Buderich-Wesel-Werisch	13
Colonia Trajana	...	40	Kellen (près de Clèves)	40
Burginatio	...	5	Schenkenschantz (ancien confluent du Vahal et du Rhin)	5
Arenatio	...	6	Arth ou Herwen	6
Noviomagi	...	10	Nimegen	10
Castra Herculis	...	8	Hervelt	8
Carvone	...	13	Rhenen	13
Levefano	8	12	Leersum	12
Fletione	16	24	Fleuten	24
Lauri	...	12	Bikeness	12
Nigro Pullo	...	5	Swadenburger	5
Albanianis	...	2	Alphen	2
Matilone	...	5	Ryuenburg	5
Pretorium Agrippina	...	3	Romeburg	3
Lugduno	...	2	Leyden	2

140. *Itinéraire de la route de* BORBETOMAGUS (*Worms*) *à* BONNA (*Bonne*).

Inscription de la colonne de Tongres.	Lieues gauloises.	Milles romains.	Cartes de Cassini, et carte routière de France de l'Administration, routes et chaussées.	Milles romains.
Borgitomagus	...	...	Worms	...
Bonconica	11	16½	Oppenheim	18
Mogontiaco	8	12	Mayence	12
Bingium	12	18	Bingen	18
Vosolvia	8	12	Ober-Wesel	12
Bondobrica	8	12	Boppart	12
Conflventes	8	12	Coblentz	12
Autumnacum.	8	12	Anderuach	12
Rigomagus.	8	12	Rimagen	12¼
Bonna.	9	13½	Bonne	12
Colonia Agrippina (L. xi)	11	16⅘	Cologne	16½

141. *Itinéraire de la route de* NOVIOMAGUS (*Nimègue*) *à* LUGDUNUM (*Leyde*).

Table Théodosienne, segment i A B.	Lieues gauloises.	Milles romains.	Cartes modernes de Wiebeking.	Milles romains.
Noviomagi	...	...	Nimègue	...
Ad Duodecimum	12	18	Petit village sans nom après (Yssendorn	18
Grinnibus	6	9	Warich et Boschstein	9
Caspingio	12	18	Gorkum et Spyck	16
Tablis.	8	12	Ablas	12
Flenio.	12	18	Vlaerdingen	18
Foro Adriani	8	12	Voorburg ou Foorburg	12
Lugduno	...	...	Leyde	...

142. *Premier itinéraire de la route d'*AUGUSTA VINDELICORUM (*Augsbourg*) *à* BRIGANTIA (*Bregentz*).

Itinéraire d'Antonin, Wesseling, p. 250 et 251.	Milles romains.	Carte manuscrite du Dépôt de la Guerre, et carte de la Suisse, par Weiss.	Milles romains.	Wesseling, p. 236 et 258.	Milles romains.	Cartes modernes.	Milles romains.
Augusta Vindelicum	...	Augsbourg (à l'extrémité méridionale).	...	Augusta Vindelicum	...	Augsbourg.	...
Guntia.	22	Etringen	22	Rostro Nemaviæ.	25	Ramingen	25
Celio Monte	16	Reichtertried.	16		...		...
Campoduno.	14	Kempten (un mille au nord, entre ce lieu et Caims).	14	Campoduno	32	Kempten et Caims.	32
Vemania	15	Immenstadt.	15	Vemania	15	Immenstadt.	15
Brigantia	24	Bregentz.	24	Brigantia.	24	Bregentz.	24

143. *Deuxième itinéraire de la route d'*Augusta Vindéli-corum *(Augsbourg) à* Brigantia *(Bregentz).*

Table Théodosienne, segment 3.	Milles romains.	Carte du Dépôt de la Guerre, et carte de Weiss.	Milles romains.
Augusta Vindelicorum............	...	Augsburg....................	...
Rostro Nemaviæ (onblié)........	25	Ramingen..................	25
Viaca.....................	20	Un mille géographique au nord d'Ellemberg...............	20
Vemania.................	23	Immenstadt..............	23
Ad Rhenum (par erreur)........	15	Station à Sulzberg...........	15
Brigantia.................	9	Bregentz.................	9

144. *Itinéraire de la route d'*Augusta Vindelicorum *(Augsbourg) à* Campodunum *(Kempten).*

Table Théodosienne, segment 3.	Milles romains.	Cartes modernes.	Milles romains.
Augusta Vindelicorum..........	...	Augsbourg.................	...
Rapis.....................	18	Jonction des routes au midi de Schwabmünchigen...........	18
Navoœ	24	Laueberg.................	24
Campoduno.................	18	Kempten et Caims..........	18

145. *Itinéraire de la route de* Campodunum *(Kempten) à* Abodiacum.

Table Théodosienne, segment 3.	Milles romains.	Cartes modernes.	Milles romains.
Campoduno..................	...	Kempten et Caims...........	...
Escone....................	20	Salbenspurg...............	20
Abodiaco.................	18	Sur la route entre Kinsen et Dinnhausen.................	18

146. *Itinéraire de la route d'*Augusta Vindelicorum *(Augsbourg) à* Ad Lunam *(Ulm).*

Table Théodosienne, segment 3.	Milles romains.	Cartes modernes.	Milles romains.
Augusta Vindelicorum.........	...	Augsburg.................	...
Pomone...................	12	Maingeruudel.............	12
Ad Lunam.................	40	Ulm....................	40

147. *Itinéraire de la route de* VINDONISSA (*Vindisch*) *à* AD LUNAM (*Ulm*)[1].

Table Théodosienne, segment 3 A.	Milles romains.	Cartes de Weiss, d'Amann et du Dépôt de la Guerre.	Milles romains.
Vindonissa	...	Windisch	...
Tenedone (VIII)	12	Thingen	12
Juliomago	14	Stuelingen	14
Brigobanne	11	Breunlingeu (sur la Bróge)	11
Arisflavis	13	Zimmeru	13
Samulocenis	14	Mulheim et Altstadt	14
Grinarioue	22	Sigmaringen	22
Clarenna	...	Marchtal	...
Ad Lunam	22	Ulm	22

Inscription de Tongres.

Cette inscription, dont nous avons déjà souvent fait emploi, est une pierre milliaire trouvée en 1817, à cinquante pas de Tongres, près de la porte de Saint-Trond, appelée Kruiss Poort. — Un *fac-simile* de cette pierre se trouve dans la Dissertation de M. Hennequin intitulée *De origine et natura principatus urbis Trajecti ad Mosam medio œvo*. Lovanii, 83 pages. — Cette inscription a été redonnée dans les *Archives historiques des Pays-Bas*, n° 3, novembre 1829, p. 166-168. — La pierre est la même que celle que l'on extrait des environs de Namur; sa forme primitive paraît avoir été celle d'un prisme de 38 pouces 6 lignes de diamètre, mesure des Pays-Bas. — Voici comme je restitue les parties rompues.

148. *Première face de l'inscription. Route de* BONNA (*Bonne*) *à* BORBETOMAGUS (*Worms*).

Inscription.	Lieues gauloises.	Cartes modernes.	Milles romains.	Itinéraire d'Antonin, pages 368 et 374.	Lieues gauloises.	Table Théodosienne. segment 2.	Lieues gauloises.
Colonia Agrippina.	...	Cologne	...	Colonia	...	Colonia	...
Bonna (L. XI)	11	Bonne	16 ½	Bonna	11	Bonnæ	11
Rigomagus	9	Rimagen	12		...	Rigomagus	8
Antunnacum	8	Audernach	12¼	Antumnaco	17	Autumnaco	9
Conflventes	8	Coblentz	12	Confluentes	8	Confluentes	9
Boudobrica	8	Boppart	12	Baudobrica	...	Bontobrice	8
Vosolvia	8	Ober-Wesel	12			Vosavia	9
Bingium	8	Bingen	12	Bingio	...	Bingium	9
Mogontiac.	12	Mayence	18	Mogontiaco	12	Mongotiacum	12
Bonconica	8	Oppenheim	12		...	Bonconica	8
Borbitomagus	11	Worms	18	Borbitomagus	18	Borgitomagus	11

[1] Cette route est comme la continuation de celles de la Gaule, le long du Rhin.

149. *Deuxième face de l'inscription. Route de* Duro-Cortorum *à* Samarobriva, *comparée avec la Table et l'itinéraire d'Antonin.*

Inscription.	Lieues gauloises.	Itinéraire d'Antonin, page 379.	Lieues gauloises.	Itinéraire d'Antonin, page 362.	Lieues gauloises.	Table Théodosienne, segment 1.	Lieues gauloises.
..... L. xv.....	15	....	...	....	...	....	...
Noviomag........	15	....	...	....	...	Noviomagus.,.....	25
Durocorier.......	12	Durocortoro.....	...	Durocortoro.....	...	Durocortoro.....	12
Ad Fines........	12	Fines...........	12	....	...	....	...
Augusta Suessionum.........	12	Augusta Suessonum..........	13	Augusta Suessouas [1]........	24	Augusta Suessionum.........	...
Isara..........	16	....	...	....	...	Lura..........	16
Rovdium.......	9	....	...	Noviomagus......	18	Rodium..........	9
Steviæ.........	8	....	...	....	...	Setucis..........	10
Samarabriva.....	...	....	...	Ambiauis........	23	Samarobriva.....	10

---

150. *Deuxième face de l'inscription. Itinéraire de la route de* Duro-Cortorum *(Reims) à* Samarobriva *(Amiens), comparé avec les cartes modernes et restitué.*

Inscription.	Lieues gauloises.	Milles romains.	Cartes modernes.	Milles romains.
Treveris Civitas...........	...	...	*Trèves*...................	...
Orolauno...............	15	22	*Arlon*...................	22
Epoïsso.................	20	30	Carignan ou Ivoïs............	30
Ad (L. xv)...............	15	22½	Chesne-le-Populeux...........	20½
Noviomagus.............	15	22½	Neuville en Tournasuy........	22½
Durocorier.............	12	18	Reims...................	18
Ad Fines..............	12	18	Fismes..................	18
Aug. Suessionum.........	12	18	Soissons.................	18½
Isara.................	16	24	Passage d'un bras de l'Oise à Pont-l'Evêque, près de Noyon......	24
Rovdium..............	9	13½	Roye, à S.-Médard, à l'entrée...	13½
Steviæ...............	8	12	Intersection de la route entre Baucourt et Mézières............	12
Samarabriva [2]...........	10	15	Amiens..................	15

[1] Selon le Ms. de Cusanus; les autres portent xxv, xxxvii pour Suessonas.

[2] La distance de Samarobriva n'est pas donnée dans l'inscription.

*** 151. *Troisième face de l'inscription. Route de* Castellum (*Cassel*) *à* Nemetacum (*Arras*)[1].**

Inscription.	Lieues gauloises.	Itinéraire d'Antonin, page 377.	Lieues gauloises.	Cartes modernes.	Milles romains.
Castello............	...	Castello............	...	Cassel............	...
....	...	Minariacum........	11	Merville..........	16½
Fines Atrebatum....	14	....	...	Béthune et Annezin.	21½
Nemetacum........	17	Nemetacum........	19	Arras............	21½

*** 151. *Troisième face de l'inscription. Itinéraire de la route de* Castellum (*Cassel*) *à* Nemetacum (*Arras*).**

Inscription.	Lieues gauloises.	Milles romains.	Cartes modernes.	Milles romains.
Castello................	...	...	Cassel................	...
Fines Atrebatum..........	14	21½	Béthune et Annezin...........	21½
Nemetacum.	14	21½	Arras (par la route directe de Leus).	21½

152. *Itinéraire de la route d'*Atuatuca (*Tongres*) *à* Noviomagus (*Nimègue*).

Table Théodosienne, segment 1 C.	Lieues gauloises.	Milles romains.	Carte de Ferrari, carte de Westphalie, par Lecoq.	Milles romains.
Atuaca..................	...	...	Tongres..................	...
Feresne	16	24	Maeswick et Eesden..........	24
Catualium	14	21	Horn (en suivant la Meuse)......	21
Blariaco.................	12	18	Blerick (en suivant la Meuse). ..	18
Cevelum.	22	33	Cleverburg..................	33
Noviomagi.	3	5½	Nimègue..................	5½

*** 153. *Premier itinéraire de la route de* Brigantium (*Bregentz*) *à* Tarvessède (*Torre di Vercella*).**

Itinéraire d'Antonin. Wesseling, page 278.	Milles romains.	Cartes modernes.	Milles romains.
Brigantia (confondu avec Ad Rhenum)....................	...	Bregentz et Rheinek..........	...
Curia.......................	50	Chür ou Coire.............	51
Tarvessède..................	60	Passage de l'Adda, près de Torre di Vercella.................	60

[1] Cette route passait par Atuatuca Tongrorum ou Tongres, et aboutissait à Amiens et à Cologne.

* 153. *Deuxième itinéraire de la route de* BRIGANTIUM *(Bregentz) à* TARVESSÈDE *(Torre di Vercella)*

Table Théodosienne, segment 3.	Milles romains	Cartes modernes.	Milles romains
Brigantia (confondu avec Ad Rhenum)	...	Bregentz et Rheinek	...
Clunia	17	Altenstadt	17
Magia	18	Guschen et Meinfeld	18
Turia *lisez* Curia	16	Chür (en français Coire)	16
Lapidaria	32	Cresta	32
Cunu Aureu	17	Chiavenna et Pucerello	17
Tarvessedo	10	Passage de l'Adda, près de Torre di Vercella	10

---

* 154. *Premier itinéraire de la route de* TARVESSÈDE *(Torre di Vercella) à* MEDIOLANUM *(Milan).*

Itinéraire d'Antonin. Wesseling, page 278.	Milles romains.	Cartes modernes.	Milles romains.
Tarvessède	...	Passage de l'Adda, près de Torre di Vercella	...
Clavenna	15	Varenna	15
Ad lacum Comacenum	10	Pointe du lac Côme à Nizzo	10
Per lacum Comum usque *Mediolano*	60	Traversée du lac Côme jusqu'à Milan	60

---

* 154. *Deuxième itinéraire de la route de* TARVESSÈDE *(Torre di Vercella) à* MEDIOLANUM *(Milan).*

Table Théodosienne, segment 3.	Milles romains.	Cartes modernes.	Milles romains.
Tarvessedo	...	Passage de l'Adda, près de Torre di Vercella	...
Clavenna	20	Civenna	20
Como	18	Côme (en traversant le lac)	18
Mediolanum (à partir de *Clavenna*) .	35	Milan (à partir de Civenna)	35

155. *Itinéraire de la route de* Brigantium (*Bregentz*) *à* Summo Lacu (*Samogia, extrémité du lac de Côme*).

Wesseling, page 177.	Milles romains.	Cartes de la Suisse, par Weiss, et carte des Alpes de Raymond, feuille 3.	Milles romains.
Brigantia (*confondu avec* Ad Rhenum)............	...	Bregentz (confondu avec Rheinek).	...
Curia..........................	50	Chür ou Coire.................	51
Tinnetione...................	20	Tinzen et Asmolin.............	20
Muro........................	15	Vico Sopra et Borgo Novo, sur les bords de la Maira...........	15
Summo Lacu.	20	Samogia Riva, à la pointe nord du lac Côme..............	20

156. *Itinéraire de la route d'*Arbor Felix (*Arbon*) *à* Curia (*Chür ou Coire, et l'extrémité du lac Côme*)

Table Théodosienne, segm. 3.	Milles romains.	Cartes de la Suisse, par Weiss.	Milles romains.
Arbor Felix....................	...	Arbon......................	...
Curia (xliii *lisez* lxiii)........	63	Chür ou Coire (en passant par S.-Gall et la rive occidentale du Rhin (le x porte à S.-Gall)....	63
Raie aboutissant à l'extrémité du lac, et le chiffre ayant rapport à la distance de Tarvessede.....	60	Commencement du lac Côme à Sorigo......................	60

*** 157.** *Premier itinéraire de la route de* Vemania (*Immenstadt*) *à* Augusta Trevirorum (*Trèves*).

Itinéraire d'Antonin, page 237.	Lieues gauloises.	Milles romains.	Cartes de Cassini.	Milles romains.
Vemania...................	...	...	Immenstadt................	...
Brigantia.................	16	24	Bregentz..................	25
Arbore Felice.............	20	30	Arbon....................	19
Ad Fines.................	20	30	Pfyn.....................	30
Vindonissa...............	30	45	Windish et Brugg..........	45
Artalbinno...............	24	36	Binningen................	34
Monte Brisiaco (xxx *lisez* xxv).................	25	38	Vieux-Brisack.............	38
Argentorato (xxxviii)......	30	45	Strasbourg................	45
Tabernis.................	14	21	Saverne..................	21
Decem Pagis.............	20	30	Dieuze...................	33
Divodoro................	25	38	Metz....................	36
.......xii.............	12	18	Chapelle S.-Pierre près Thionville.	18
Caranusca xvi.............	16	24	Canach...................	24
Treveros.................	15	22	Trèves....................	22

*** 157.** *Deuxième itinéraire de la route de* VEMANIA (*Immenstadt*) *à* AUGUSTA TREVIRORUM (*Trèves*).

Table Théodosienne, segm. 3 A, et segm. 2 C.	Lieues gauloises.	Milles romains.	Cartes de Cassini.	Milles romains.
Vemania..................	...	...	Immenstadt.................	...
Ad Rhenum (mis ici pour une autre station)...........	...	15	Station dont le nom est oublié (Sulzberg).................	15
Brigautia.	...	9	Bregeutz...................	9
Ad Rhenum (transposé).....	..	10	Rheinek...................	10
Arbor Felix...............	6	9	Arbou....................	9
Ad Fines,.................	21	31½	Pfyn.....................	30
Vindonissa	30	45	Windisch..................	45
Augusta Rauracorum.......	22	33	Augst....................	33
Arialbinnum	6	9	Binningen.................	9
Cambete..............	7	10½	Gross-Kembs..............	10½
Argentovaria (xii *lisez* xxii).	22	33	Artzenheim	33
Hellellum................	12	18	Elle.....................	18
Argentoratum.............	12	18	Strasbourg	18
Tabernis.................	14	21	Saverne..................	21
Ponte Saravi.............	12	18	Sarr Altrofft (par la route)	17½
Decempagos. .♈...........	10	15	Dieuze (en ligne droite)........	16
Ad Duodecimum...........	12	18	Baudrecourt (au passage de la Nied).....................	18
Divo Durimedio Matricorum.	12	18	Metz....................	18
Carauusca................	...	42	Cauach..................	42
Ricciaco.................	...	10	Mauscheker...............	10
August. Tresvirorum.......	...	10	Trèves..................	10

---

158. *Itinéraire de la route d'*AUGUSTA TREVIRORUM (*Trèves*) *à* ARGENTORATUM (*Strasbourg*).

Itinéraire d'Antonin, page 371.	Lieues gauloises.	Milles romains.	Cartes modernes.	Milles romains.
Treveros..................	..	...	Trèves....................	...
Divodurum [1].............	36	54	Metz	54
Ponte Sarvix *lisez Decempagis*.............	22	33	Dieuze...................	36
Argentorato *lisez Tabernis*...	22	33	Saverne..................	33
Argentorato.	14	21	Strasbourg...............	21

---

159. *Itinéraire de la route de* DIVODURUM (*Metz*) *à* ARGENTORATUM (*Strasbourg*).

Table Théodosienne, segment 2 A B C.	Lieues gauloises.	Milles romains.	Cartes modernes.	Milles romains.
Divo Durimedio Matricorum.	...	...	Metz.....................	...
Ad Duodecimum..........	12	18	Baudrecourt...............	18
Decempagos	12	18	Dieuze...................	18
Ponte Saravi	10	15	Saar Altrofft..............	16
Tabernis.................	12	18	Saverne..................	17½
Argentorate	14	21	Strasbourg................	21

[1] Par la variante du Ms. 7230.

160. *Itinéraire de la route de* MOGUNTIACUM *(Mayence)* à AUGUSTA TREVIRORUM *(Trèves).*

Table Théodosienne, segment 2 A B.	Lieues gauloises.	Milles romains.	Cartes modernes.	Milles romains.
Mogontiaco	...	...	Mayence	...
Bingium	12	18	Bingen	18
Dumnissus	16	24	Denzen, près Kirchberg	24
Belginum	8	12	Beuren	12
Noviomago	10	15	Neumagen	15
Augusta Tresvirorum	10	15	Trèves	15

161. *Itinéraire de la route de* MOGUNTIACUM *(Mayence)* à VOSOLVIA *(Ober-Wesel).*

Inscription de Tongres.	Lieues gauloises.	Milles romains.	Cartes modernes.	Milles romains.
Mogontiaco	...	...	Mayence	...
Bingium	12	18	Bingen	18
Vosolvia	8	12	Ober Wesel	12

*** 162.** *Premier itinéraire de la route d'*AUGUSTA RAURACO-RUM *(Augst)* à MOGONTIACUM *(Mayence).*

Itinéraire d'Antonin, pages 353, 354 et 355.	Lieues gauloises.	Milles romains.	Cartes modernes.	Milles romains.
Augusta Rauracum	...	...	Augst	...
Cambete	12	18	Gross Kembs (en abrégeant et en passant par Arialbinnum, et suivant la route)	18
Stabulis	6	9	Skallampe	9
Argentovaria	18	27	Artzenheim (à Mauchon)	27
Helveto	16	24	Elle (en prenant la route de traverse qui conduit de Marckolsheim à Schélestadt)	24
Argentorato	12	18	Strasbourg	18
Saletione (VII *lisez* XX par transpositiou de la p. 253).	20	30	Seltz (par route directe, sans passer par Brumat)	30
Tabernis	12	18	Rhein-Zabern	19
Noviomago	11	$16\frac{1}{2}$	Speyr	$17\frac{1}{2}$
Borbitomago	14	21	Worms	21
Bonconica	13	$19\frac{1}{2}$	Oppenheim (au confluent du Rhin et de la Mulbach à Nierstein).	19
Maguntiaco	7	11	Mayence	11

*** 162. *Deuxième itinéraire de la route d'*Augusta Rauracorum (*Augst*) *à* Mogontiacum (*Mayence*).**

Table Théodosienne, segm. 2.	Lieues gauloises.	Milles romains.	Cartes modernes.	Milles romains.
Angusta....................	...	...	Augst....................	...
Arialbinnum..............	6	9	Binningen................	9
Cambete.................	7	10½	Gross Kembs..............	10½
Stabulis (omis).............	6	9	*Skalampe*...............	9
Argentovaria (confondu avec Mons Brisiacus)..........	12	18	Vieux-Brisach et Artzenheim....	18
Helellum................	12	18	Elle (à partir d'Artzenheim, mais en ligne droite).............	18
Argentorate..............	12	18	Strasbourg................	18
Brocomagus..............	7	10½	Brumat..................	11½
Saletione................	18	27	Seltz...................	24
Tabernis................	11	16½	Rhein Zabern	19
Noviomago..............	12	18	Speyr...................	17½
Borgetomagi	13	19½	Worms..................	21
Bonconica	11	16½	Oppenheim	16½
Moguntiaco..............	9	13½	Mayence................	12

**163. *Itinéraire de la route d'*Augusta Trevirorum (*Trèves*)
à Colonia Agrippina (*Cologne*).**

Il est probable que le séjour des empereurs est la cause de ces
mélanges de mesures en lieues gauloises et en milles romains que
l'on observe dans les environs de Trèves ; c'est ce qui a brouillé la
route que nous analysons. Pour pouvoir la rétablir dans son exactitude primitive, il faut faire une grande attention aux variantes
des manuscrits. Dans deux manuscrits de la Bibliothéque Impé-
riale (4807 et 4808), on lit :

> Marcomagus.
> M. P. LVIII.
> Leugas XXVIII.

Dans le manuscrit 4806, on lit :

> Marcomago vic.
> Leg. LVIII.
> Leg. XXVIII.

Dans le manuscrit de Lamoignon, dont je me suis servi pour l'édition du Dicuil, on lit :

MARCOMAGO.
LEUGAS.....M. P. M. XXVIII.

Ces diverses variantes, où tous les chiffres sont semblables, nous prouvent que *Marcomagus* était à 58 milles romains de Trèves et à 28 milles romains de Cologne, ce qui est en effet la distance où se trouve Marmagen de ces deux villes.

Le point de *Marcomagus* se trouvant déterminé par les mesures anciennes, celui de *Beda* étant pareillement fixé par les mêmes mesures à Bitbourg, il devient facile de choisir dans les variantes des manuscrits, et de rétablir, par ce choix, le texte de cette route dans son exactitude primitive. La Table, aussi bien que le plus grand nombre des manuscrits de l'Itinéraire, nous donne le chiffre XII pour la distance d'*Ausara* à *Egorigium*, mais le plus ancien manuscrit de la Bibliothéque Royale 7230ᴬ porte Leug. VIII, ce qui nous indique que le chiffre XII, dans les autres manuscrits et dans la Table, signifie des milles romains et non des lieues, et en effet cette distance est la seule qui s'accorde avec nos cartes modernes.

Le nom de *Belgica* manque dans quelques manuscrits, parce qu'en effet il n'appartenait pas à la même route que celle qui passait par *Tolbiacum* pour aller à Cologne, mais à une route directe entre *Marcomagus* et *Colonia* ; et ce qui a produit cette confusion et cette erreur, c'est que la distance XVI, évaluée en milles romains et non en lieues gauloises, qui se trouve après *Colonia*, convient également aux deux routes. Les tableaux suivants achèveront de démontrer toutes ces assertions.

Itinéraire d'Antonin. Wesseling, page 372.	Lieues gauloises.	Milles romains.	Cartes de Ferrari, nᵒˢ 25, 20, 15 et 10.	Milles romains.
Treviris.........................	...	...	Trèves........................	...
Beda vicus...................	12	18	Bitbourg	18
Ausava vicus..............	12	18	Oos (sur la rive droite de l'Oosbach, canton de Prüm).......	18
Egorigio vicus (vicus Tgiga).	8	12	Kirchenhacher (au midi de Stadt-Kill et Kroneuburg).........	12
Marcomago..................	8	12	Marmagen....................	12
Tolbiaco (vicus Superuorum).	10	15	Zolpich ou Seucrnich.........	15
Agrippina Civitas............	...	16	Cologne.....................	16

164. *Itinéraire de la route directe entre* Marcomagus *(Marmagen) et* Colonia Agrippina *(Cologne).*

Itinéraire d'Antonin. Wesseling, page 373.	Lieues gauloises	Milles romains.	Cartes modernes.	Milles romains.
Marcomagus............	...	...	Marmagen................	...
Belgica vicus.......... ..	8	12	Byem (près de Enskicheu).......	12
Agrippina...............	...	16	Cologne (à l'entrée de la ville)...	16

165. *Itinéraire de la route d'*Augusta Trevirorum *(Trèves) à* Colonia Agrippina *(Cologne).*

Table Théodosienne, segm. 2 A	Lieues gauloises.	Milles romains.	Cartes de Ferrari, nos 25, 20, 15 et 10.	Milles romains.
Augusta Trevirorum........	...	...	Trèves..................	...
Beda..................	12	18	Bitbourg..............	18
Ausara	12	18	Oos (sur l'Oosbach , canton de Prüm)................	18
Icorigium..............	...	12	Kirchenhacher...............	12
Marcomagus...........	8	12	Marmagen.................	12
Vicus Supernorum, oublié (x).	10	15	Seuernich..................	15
Agripina (vi *corrigez* xvi)...	...	16	Cologne..................	16

166. *Itinéraire de la route d'*Epoïsso *(Ivois ou Carignan) à* Duro-Cortorum *(Reims).*

Inscription de Tongres. Deuxième face.	Lieues gauloises,	Milles romains.	Cartes de Cassini.	Milles romains
Epoïsso............	...	...	Cariguau ou Ivois............	...
Ad.... L. xv...	15	22½	Chesne-le-Populeux..........	22½
Noviomagus.............	15	22½	Neuville en Tournasuy	22½
Ducorier................	12	18	Reims..................	18

167. *Itinéraire de la route de* Duro-Cortorum *(Reims) à* Epoïsso *(Ivois, actuellement Carignan).*

Inscription de Tongres. Deuxième face,	Lieues gauloises.	Milles romains.	Cartes modernes.	Milles romains.
Durocorier............	...	...	Reims..................	...
Noviomagus.............	12	18	Neuville en Tournasuy.........	18
Ad L. xv...............	15	22½	Chesne-le-Populeux...........	22½
Epoïsso	15	22½	Carignan ou Ivois.............	22½

168. *Itinéraire de la route de* Duro-Cortorum (*Reims*) *à* Augusta Trevirorum (*Trèves*).

Itinéraire d'Antonin. Wesseling, p. 365 et 366.	Lieues gauloises.	Milles romains.	Cartes de Cassini, n°s 79, 78 et 109, et cartes de Ferrari, n°s 24 et 25.	Milles romains.
Durocortoro..............	...	...	Reims	...
Vungo Vicus.............	22	33	Vunc ou Vouc-Terron sur Aisne..	35
Epoïsso	22	33	Iptsch ou Ivois (actuellement Cariguan).	31
Orolauno................	20	30	Arlon........................	31
Andethannæ.............	15	$22\frac{1}{2}$	Auwen (Nieder).	23
Treveros Civitas...........	15	$22\frac{1}{2}$	Trèves (en suivant la route actuelle).	$20\frac{1}{2}$

169. *Itinéraire de la route de* Duro-Cortorum (*Reims*) *à* Meduanto (*Martué*).

Table Théodosienne, segment 1 C, segment 2 A.	Lieues gauloises.	Milles romains.	Cartes de Cassini, n°s 78, 79 et 109, et cartes de Ferrari, n° 24.	Milles romains.
Durocortoro..............	...	...	Reims........................	...
Noviomagus.............	12	18	Neuville en Tournasuy..........	18
Mose...................;	25	$37\frac{1}{2}$	Mouzon	$38\frac{1}{2}$
Meduanto...............	9	$13\frac{1}{2}$	Martué (succursale, et le lieu nommé Menil)...................	$13\frac{1}{2}$

170. *Itinéraire de la route de* Duro-Cortorum (*Reims*) *à* Treveros (*Trèves*).

Itinéraire d'Antonin. Wesseling, pages 365 et 366.	Lieues gauloises.	Milles romains.	Cartes de Cassini, n°s 78, 79 et 109, et cartes de Ferrari, n°s 24 et 25.	Milles romains.
Durocortoro..............	...	...	Reims........................	...
Vungo Vicus.............	22	33	Vonc........................	$35\frac{1}{2}$
Epoïsso	22	33	Iptsch ou Ivois (Carignan).......	$29\frac{1}{2}$
Orolauno................	20	30	Arlon	31
Andethannæ *sive* Vandetaunaie	15	$22\frac{1}{2}$	Anwen (Nieder)................	23
Treveros Civitas..	15	$22\frac{1}{2}$	Trèves	22

171. *Itinéraire de la route de* Duro-Cortorum (*Reims*) *à* Colonia Agrippina (*Cologne*).

Table Théodosienne, segm. 1 C, segment 2 A.	Lieues gauloises.	Milles romains.	Cartes de Ferrari, n°s 10, 15, 19 et 24. Cartes de Cassini, n°s 78, 79 et 109.	Milles romains.
Durocortoro	...	...	Reims........................	...
Noviomagus...............	12	18	Neuville en Tournasuy....	18
Mose.....................	25	37½	Mouzou.....................	38½
Meduanto.................	9	13⅐	Menil et Martué............	13½
....	...	...	Hamipré-Vaux-les-Rosières, Bastogue-Bourcy..............	...
....	...	...		
Muuerica..............	72	108	Metternich (passage de l'Erfft)..	108
Agripina.............	6	9	Cologue.....................	9

172. *Premier itinéraire de la route de* Duro-Cortorum (*Reims*) *à* Divodurum (*Metz*).

Itinéraire d'Antonin. Wesseling, p. 364.	Lieues gauloises.	Milles romains.	Cartes de Cassini.	Milles romains.
Durocortoro	...	...	Reims........................	...
Station oubliée............	5	7½	Mille toises avant les deux maisons.	7½
Basilia.....	10	15	Grand-S.-Hilaire (au passage de la Suippe).................	15
Axvenna	12	18	Vienne-la-Ville (au passage de l'Aisue).....................	18
Virodunum................	17	25½	Verdun......................	25½
Fines....................	9	13½	Marcheville................	15
Ibliodurum................	6	9	Hanuonville (au passage de l'Yron).......................	9
Divodurum................	8	12	Metz (au milieu de la ville)......	15½

173. *Deuxième itinéraire de la route de* Duro-Cortorum (*Reims*) *à* Divodurum (*Metz*).

Itinéraire d'Antonin. Wesseling, pages 364 et 365.	Lieues gauloises.	Milles romains.	Cartes de Cassini, n°s 79, 80, 111, 142 et 141.	Milles romains.
Durocortoro..............	...	...	Reims........................	...
Station oubliée............	5	7½	*Portion de l'autre route*.........	7½
Fano Minervæ....	14	21	La Cheppe, sur la Vesle (prétendu camp d'Attila)..............	21
Ariola...........	16	24	Montgarni...................	24
Caturigis...............	9	13½	Bar-le-Duc..................	13½
Nasium.	9	13½	Naix	14½
Tullum.................	16	24	Toul........................	25
Scarpouna...............	10	15	Scarponne...................	15
Divodurum (xii *corrigez* xiiii d'après la Table)........	14	21	Metz (au mur extérieur)........	21

174. *Troisième itinéraire de la route de* Duro-Cortorum *(Reims) à* Divodurum *(Metz).*

Table Théodosienne, segm. 1 C, segm. 2 A.	Lieues gauloises.	Milles romains.	Cartes de Cassini, n°s 79, 80, 111, 142 et 141.	Milles romains.
Durocortoro	...	...	Reims	...
Fanomia	19	28½	La Cheppe (prétendu camp d'Attila)	28½
Caturices	25	37½	Bar-le-Duc	37½
Nasie	9	13½	Naix	14½
Ad Fines	14	21	Foug	21
Tullum	5½	7½	Toul	6
Scarponna	10	15	Scarpoune	15
Divo Durimedio Matricorum	14	21	Metz (au centre de la ville)	21

---

175. *Itinéraire de la route de* Duro-Cortorum *(Reims) à* Andomatunum *(Langres).*

Table Théodosienne, segm. 1 G.	Lieues gauloises.	Milles romains.	Cartes de Cassini, n°s 113, 81, 82, 80 et 79.	Milles romains.
Durocortor	...	...	Reims	...
Corobilium	...	57	Corbeil	57
Segessera	21	31½	Bar-sur-Aube	29½
Andemantunno (xxi *corrigez* xxvii)	21	40½	Langres	42½

---

176. *Premier itinéraire de la route d'*Argentoratum *(Strasbourg) à* Noviomagus *(Spire).*

Table Théodosienne. Von Scheyb, segm. 2 C et B.	Lieues gauloises.	Milles romains.	Cartes de Cassini, n°s 161, 162 et 173.	Milles romains.
Argentorato	...	...	Strasbourg	...
Brocomagus	7	10½	Brumpt	11½
Saletione	18	27	Seltz	24
Tabernis	11	16½	Rhein-Zabern	19
Noviomagus	12	18	Speyre	17½

---

177. *Deuxième itinéraire de la route d'*Argentoratum (*Strasbourg*) *à* Noviomagus (*Spire*).

Itinéraire d'Antonin. Wesseling, pages 252 et 253.	Lieues gauloises.	Milles romains.	Cartes de Cassini.	Milles romains.
Argentorato..............	...	...	Strasbourg..................	...
Brocomago (xx *corrigez* vii, d'après la page 354 et à cause de la transposition).	7	10½	Brumpt.................	11½
Concordia................	18	27	Altstadt, près Weissembourg....	23½
Noviomagus.............	20	30	Speyre...................	32½

178. *Troisième itinéraire de la route d'*Argentoratum (*Strasbourg*) *à* Noviomagus (*Spire*).

Itinéraire d'Antonin. Wesseling, page 354.	Lieues gauloises.	Milles romains.	Cartes de Cassini.	Milles romains.
Argentorato.............	...	...	Strasbourg.................	...
Saletione (vii *corrigez* xx d'après la page 253 et à cause de la transposition)......	20	30	Seltz...................	30
Tabernis	13	19½	Rhein-Zabern..............	19
Noviomagus.............	11	16½	Speyre...................	17½

179. *Itinéraire de la route de* Tullum (*Toul*) *à* Durocortorum (*Reims*), *en passant par* Mosa (*Meuvy*).

Table Théodosienne. segm. 2 A, segm. 1 C.	Lieues gauloises.	Milles romains.	Cartes de Cassini, 111, 112, 113, 80, 79.	Milles romains.
Tullio.................	...	...	Toul....................	...
Solimariaca (distance par l'itinéraire)................	15	22½	Soulosse..................	22½
Noviomagus...........	7	10½	Église de Notre-Dame-des-Piliers..	10½
Mose..................	9	13½	Meuvy..................	14½
Caturiges (voie indiquée par un trait sans distance)....	...	72½	Bar-le-Duc (chaussée romaine encore existante entre Laugres et Bar-le-Duc..................	72½
Fanomia...............	25	37½	La Cheppe.................	37½
Durocortoro............	19	28½	Reims..................	28½

180. *Itinéraire de la route d'*ANDOMATUNUM *(Langres)*
à TULLUM *(Toul).*

Itinéraire d'Antonin. Wesseling, 385.	Lieues gauloises.	Milles romains.	Cartes de Cassini, nᵒˢ 113, 112, 111.	Milles romains.
Adematunno	...	...	Langres	...
Mosa	12	18	Meuve	18
Solimariaca	16	24	Soulosse	25½
Tullum	15	22½	Toul	21¼

181. *Premier itinéraire de la route de* DIVODURUM *(Metz)*
à AUGUSTA TREVIRORUM *(Trèves).*

Table Théodosienne, segment 2 B.	Milles romains.	Cartes modernes.	Milles romains.
Divodurimedio Matricorum	...	Metz	...
Caranusca	42	Canach	42
Ricciaco	10	Munschecker	10
Augusta Tresviror	10	Trèves	10

C'est un fragment mutilé de cette route qui se trouve à la page 240 de l'Itinéraire. Nous allons le rétablir dans son exactitude primitive :

182. *Deuxième itinéraire de la route de* DIVODURUM *(Metz)*
à AUGUSTA TREVIRORUM *(Trèves).*

Itinéraire d'Antonin. Wesseling, page 240.	Lieues gauloises.	Milles romains.	Cartes modernes.	Milles romains.
Divodoro	...	...	Metz	...
Theodonis Villa (xii)	12	18	Thionville	18
Caranusca	16	24	Canach	24
Treveros (xvi *lisez* xiv)	14	21	Trèves	20

En combinant ces deux itinéraires, on aura le tableau complet de cette route de la manière suivante :

183. *Troisième itinéraire de la route de* DIVODURUM *(Metz)*
à AUGUSTA TREVIRORUM *(Trèves).*

Table Théodosienne, segm. 2 B.	Lieues gauloises.	Milles romains.	Cartes modernes.	Milles romains.
Divodurum	...	...	Metz	...
Theodonis Villa	12	18	Thionville	18
Caranusca	16	24	Canach	24
Ricciaco	7	10	Munschecker	10
Augusta Trevirorum	7	10	Trèves	10

184. *Itinéraire de la route de* Tullum (*Toul*) *à* Confluentes (*Coblentz*), *selon l'anonyme de Ravenne.*

Anonymi Ravennatis, lib. IV, cap. xxvi, p. 188, édit. Porcheron.	Milles romains.	Cartes de Cassini, nos 111, 142, 141, 141 bis et 175.	Milles romains.
Tulla (Tullum)................	...	Toul................	...
Scarbona (Scarponna)..........	10	Scarponne................	10
Mecusa (Mettis)...............	14	Metz................	14
Gannia (Caranusca)............	42	Canach................	42
Treoris (Treviris)............	20	Trèves ou Trier...........	20
Nobia (Noviomagus)...........	12	Neumagen...............	12
Princastellum................	17	Berncastell...............	17
Cardena.....................	27	Carden................	27
Conbalentia (Confluentes)........	17	Coblentz................	17

---

185. *Itinéraire de la route de* Tullum (*Toul*) *à* Indesina (*Nancy*).

Table Théodosienne, segm. 2 A.	Lieues gauloises.	Milles romains.	Cartes de Cassini, nos 110 et 141.	Milles romains.
Tullio....................	...	...	Toul................	...
Andesina	11	16	Nancy et d'Essay..............	16

---

186. *Itinéraire de la route de* Castellum (*Cassel*) *à* Colonia Agrippina (*Cologne*).

Itinéraire d'Antonin, Wesseling, page 377.	Lieues gauloises.	Milles romains.	Cartes de Cassini.	Milles romains.
Castello................	...	...	Cassel................	...
Minariacum................	11	16½	Merville................	16½
Nemetacum................	19	28½	Arras................	28½
Camaracum..............	14	21	Cambray................	21
Bagacum................	18	27	Bavay................	27
Vodgoriacum.............	12	18	Wandre................	18½
Geminiacum.............	10	15	Vieuville................	16
Perniciacum.............	22	33	Acosse (épine d'Acosse, ou tombe de l'Empereur).............	33
Advaca Tongrorum........	14	21	Tongres (en partant de la tombe de l'Empereur)..............	21
Coriovallum..............	16	24	Corten et Walem (en passant par Maestricht)................	24
Juliacum................	12	18	Juliers (au pont sur la Roer).....	19½
Colonia................	18	27	Cologne (au milieu de la ville, en passant par Bercheim)........	25½

187. *Itinéraire de la route de* Castellum *(Cassel)* à Colonia Agrippina *(Cologne), rétabli.*

Inscription de Tongres. Troisième face.	Lieues gauloises.	Milles romains.	Carte routière des ponts et chaussées, Atlas national.	Milles romains.
Castello......................	...	...	Cassel......................	...
Fiues Atre*batum*..........	14	21½	*Bethune*....................	21½
Nemetacum...............	14	21½	Arras	21½
Ad *Camaracum*............	14	21½	Cambray..................	21½
Item Ad *Atuatuca Tongror*...	96	114	*Tongres*....................	114
Et Colonia Agrippina......	46	69	*Cologne*....................	69

188. *Itinéraire de la route de* Teruanna *(Thérouenne)* à Colonia Agrippina *(Cologne).*

Table Théodosienne, segm. 1 B C, segm. 2 A.	Lieues gauloises.	Milles romains.	Cartes de Cassini.	Milles romains.
Teruanua...................	...	...	Thérouenne................	...
Nemetaco.................	22	33	Arras.....................	34
Cameraoo................	14	21	Cambray..................	21
Hermomacum	11	16½	Bernierain................	16
Bagacouervio.............	8	12	Bavay....................	12½
Vosoborgiaco.............	12	18	Waudre...................	18½
Geminico vico...........	12	16½	Vieuville.................	16
Peruiciaco (XLVI *corrigez*)...	22	33	Acosse (Épine-d'Acosse).......	33
Atvaca	16	24	Tongres (en partant d'Acosse)....	24
Cortovallio..............	16	24	Corten et Walem (en passant par Maestricht)..................	24
Juliaco..................	12	18	Juliers (au pont sur la Roer).....	19½
Agripiua	18	27	Cologne (aux murs de la ville, en passant par Bercheim)........	25½

189.. *Itinéraire de la route de* Colonia Trajana *(Alpen)* à Colonia Agrippina *(Cologne).*

Itinéraire d'Antonin, page 375.	Lieues gauloises.	Milles romains.	Cartes de Cassini.	Milles romains.
Colonia Trajana	...	...	Alpen.....................	...
Mediolano...............	8	12	Gueldre...................	12
Sablonibus...............	8	12	Vanlo (en passant par Blerich)...	12
Mederiacum..............	10	15	Merum-Ruremonde...........	15
Teudurum	9	13½	Tudder...................	12
Coriovallum.............	6	9	Corten	9
Juliacum.................	12	18	Juliers...................	19½
Tiberiacum..............	8	12	Bercheim (ou Berghen)........	12
Colonia Agrippina........	10	15	Cologne (au milieu)...........	15

190. *Itinéraire de la route de* VESONTIUM (*Besançon*) *à* ANDOMATUNUM (*Langres*).

Table Théodosienne, segm. 2 et 1.	Lieues gauloises.	Milles romains.	Cartes modernes.	Milles romains.
Vesontine....................	...	...	Besançou....................	...
Crusinie....................	15	$22\frac{1}{2}$	Orchamps....................	$22\frac{1}{2}$
Ponte Dubris.............	19	$28\frac{1}{2}$	Ponthoux et Navilly..........	$28\frac{1}{2}$
Cabillioue...............	14	21	Challous.................	21
Vidubia................	20	30	Passage de la Vouge près Villebicht.	30
Filena.............	19	$28\frac{1}{2}$	Thil-le-Château.............	$28\frac{1}{2}$
Andemautunno............	19	28	Laugres.................	28

191. *Itinéraire de la route d'*ANDOMATUNUM (*Langres*) *à* CAMBATE (*Gross-Kembs*).

Itinéraire d'Antonin. Wesseling, page 386.	Lieues gauloises.	Milles romains.	Cartes modernes.	Milles romains.
Andematunno.............	...	...	Langres...................	...
Varcia..................	16	24	Larrey....................	24
Vesontione [1].............	18	27	Besançou..................	27
Epamanduoduro..........	31	$46\frac{1}{2}$	Mandeurre.................	51
Cambate................	31	$46\frac{1}{2}$	Gross-Kembs..............	42

192. *Itinéraire de la route de* CAMBATE (*Gross-Kembs*) *à* ANDOMATUNUM (*Langres*).

Itinéraire d'Antonin, Wesseling, page 386.	Lieues gauloises.	Milles romains.	Cartes de Cassini.	Milles romains.
Cambate....................	...	...	Gross-Kembs..............	...
Epamanduoduro..........	31	$46\frac{1}{2}$	Mandeure.................	42
Vesontione..............	31	$46\frac{1}{2}$	Besançou.................	51
Varcia.................	18	27	Larrey....................	27
Andematunno.............	16	24	Laugres.................	24

193. *Itinéraire de la route de* VESONTIONE (*Besançon*) *à* LARGA (*Largitzen*).

Itinéraire d'Antonin. Wesseling, p. 349.	Lieues gauloises.	Milles romains.	Cartes de Cassini.	Milles romains.
Visontioue.............	...	36	Besançou....................	...
Velatoduro..............	22	33	Velero....................	33
Epamantadurum..........	12	18	Mandeurre.................	18
Larga.................	16	24	Passage de la Largue à Largitzen.	24

[1] Variante du Ms. 7230. La collation de Melo porte 19, mais j'ai lu 18 dans le Ms

194. *Itinéraire de la route d'*Andomatunum *(Langres)* à Cambate *(Gross-Kembs).*

Table Théodosienne, segm. 1 et 2.	Lieues gauloises	Milles romains	Cartes modernes.	Milles romains.
Andemantunno............	...	...	Langres....................	...
Varcia (x, xi).............	...	21	Larrey....................	21
Segobodium	6	9	Séveux ou Savoÿeux...........	9
Vesontine................	18	27	Besançou..................	18
Loposagio...............	13	19½	Baume-les-Dames et S.-Ligier....	19½
Epomanduo..............	18	27	Mandeurre................	27
Larga..................	16	24	Passage de la Largue à Largitzen.	24
Cambete................	12	18	Gross-Kembs...............	18

195. *Premier itinéraire de* Burdigala *(Bourdeaux)* à Narbona *(Narbonne).*

Itinéraire d'Antonin, page 549.	Lieues gauloises.	Milles romains.	Cartes modernes.	Milles romains.
Burdigala................	...	...	Bourdeaux....................	...
Mutatio Stomatas..........	7	10½	S.-Médard d'Ayran...........	10
Mutatio Sirione...........	9	13½	Pont sur le Céron, vers sou embouchure.....................	13
Civitas Vasatas............	9	13½	Basas.....................	13½
Mutatio Tres Arbores......	5	7½	Trétiu	8
Mutatio Oscinejo..........	8	12	Moulin d'Escinjot sur le Cérou...	13½
Mutatio Scittio...........	8	12	Sos (Cieutat sur la Galise).......	12
Civitas Elusa.............	8	12	Cieutat-Eause	13½
Mutatio Vanesia...........	12	18	Lezian...	18½
Civitas Auscius...........	8	12	Auch (en ligne droite)........	12
Mutatio Ad Sextum........	6	9	Ollet et la Laque.............	9
Mutatio Hungunuero.......	7	10½	Hundu de devant, et Menjoulet...	10½
Mutatio Bucconis..........	7	10½	Empeaux (près du bois de Bouccoune).....................	10½
Mutatio ad Jovem.........	7	10½	Teula et Chaubet (non loin de Legnevin)...	10½
Civitas Tholosa...........	7	10½	Toulouse...................	10½
Mutatio ad Nonum........	...	9	Pont Pertusat................	9
Mutatio ad Vicesimum......	...	11	Viscouti (entre Montjaillard et Thome)..................	11
Mansio Elusione...........	...	9	S.-Pierre d'Elzonne, église de Montferrand)................	9
Mutatio Sostomago.........	...	9	Castelnaudary...............	9
Vicus Hebromago..........	...	10	Villarazen et Bram...........	10
Mutatio Cœdros...........	...	6	Passage de la Bougeanne........	6
Castellum Carcassone......	...	8	Carcassonne.................	8
Mutatio Tricensimum.......	...	8	Millepetit et Milgrand..........	8
Mutatio Hosuerbas.........	...	15	Lezignan (passage du torrent de Jourre)...................	15
Civitas Narbouc...........	...	15	Narbonne (au milieu).........	15

196. *Deuxième itinéraire de* Burdigala (*Bourdeaux*) *à* Narbona (*Narbonne*).

Table Théodosienne, segment I.	Lieues gauloises.	Milles romains.	Cartes modernes.	Milles romains.
Burdigalo	...	...	Bourdeaux	...
Civit. Basatas	...	...	*Basas*	...
M. Tres Arbores	...	...	*Crétin*	...
Oscinejo	...	...	*Moulin d'Escinjot*	...
Scittio	...	...	*Sos*	...
Elusa	15	22	La Cieutat-Eause	16
Besino	10	15	S.-Paul de Bèse ou de Baize (au passage de la Baize	16
Eliberre	12	18	Auch	17
Casinomago	15	22½	Cazejus et Cazeaux (sur Save)	22
Tolosa	19	28½	Toulouse	28
Bad**	...	15	Baziéges	15
Fines	...	19	Pechbusque	19
Eburomago	...	...	Villarazeu ou Bram	..
Carcassione (xvii *corrigez* xiiii)	...	14	Carcassoune	14
Luvaria	...	12	Capeudou	12
Usuerna	...	11	Lezignan	11
Narbone	...	16	Narbonne à Creissel	16

197. *Itinéraire de la route de* Burdigala (*Bourdeaux*) *à* Serione (*Céron*).

Itinéraire de Jérusalem. Wesseling, page 549.	Lieues gauloises.	Milles romains.	Cartes modernes.	Milles romains.
Burdigala	...	...	Bourdeaux	...
Mut. Stomatas	7	10½	S.-Médard d'Ayrau	10½
Mut. Sirione	9	13½	Pont sur le Céron	13½

198. *Itinéraire de la route de* Burdigala (*Bourdeaux*) *à* Diolindum (*la Linde*).

Table Théodosienne, segment I.	Lieues gauloises.	Milles romains.	Cartes modernes.	Milles romains.
Burdigalo	...	...	Bourdeaux	...
Stomatas	...	10	*S.-Médard d'Ayran*	10
Sertone (Sirione)	...	...	Pont sur le Céron	...
Vesubio (*substitué à* Vasatas)	...	20	Usetz (substitué à Basas)	20
Fines	20	30	La Marque (près Tonneins)	30
Aginnum	15	22½	Agen	22½
Excisum	13	19½	La Mottescy	20
Diolindum	21	31½	La Linde	31½

199. *Itinéraire de la route de* Vesunna (*Périgueux*) *à* Augustoritum (*Limoges*).

Table Théodosienne, segm. 1.	Lieues gauloises.	Milles romains.	Cartes modernes.	Milles romains.
Vesonna...............	...	...	Périgueux...............	...
Fines...............	14	21	Thiviers (en ligne droite).......	21
Ausrito...............	...	...	Limoges...............	...

200. *Itinéraire de la route de* Agedincum (*Agen*) *à* Lactora (*Lectoure*).

Table Théodosienne, route indiquée sans distance.	Lieues gauloises.	Milles romains.	Cartes modernes.	Milles romains.
Aginnum...............	...	...	Agen...............	...
Lactora...............	...	...	Leitoure...............	...

201. *Itinéraire de la route de* Burdigala (*Bourdeaux*) *à* Fines (*La Marque*).

Table Théodosienne, segm. 1.	Lieues gauloises.	Milles romains.	Cartes modernes.	Milles romains.
Burdigala...............	...	...	Bourdeaux...............	...
Sertoue (*confondu avec Stomatas*)...............	...	10	S.-Médard d'Ayran (confondu avec l'embouchure du Céron).....	10
Vesubio (*substitué à* Vasatas).	...	20	Usetz (substitué à Basas)........	20
Fines...............	20	30	La Marque (près Tonneins)......	30

202. *Itinéraire de la route de* Burdigala (*Bourdeaux*) *à* Argentomagus (*Argenton*).

Itinéraire d'Antonin, Wesseling, page 461.	Lieues gauloises.	Milles romains.	Cartes modernes.	Milles romains.
Burdigala...............	...	...	Bourdeaux...............	...
Sirioue...............	15	22 ½	Embouchure du Céron.........	23
Ussubium (xx)...............	...	...	Uzeste (substitué à Basas).......	...
Fines...............	24	36	La Marque (près de Tonneins)...	36
Aginnum...............	15	22 ½	Agen...............	22 ½
Excisum...............	13	19 ½	La Mottesey...............	20
Trajectus...............	21	31 ½	Dragaux et Pontour...........	31
Vesunna...............	18	27	Tour de Vesone à Périgueux.....	26 ½
Fines...............	21	31 ½	Vaux et Chante (entre les deux)..	31 ½
Angustoritum [1]...............	21	31 ½	Limoges (à la citadelle)........	31 ½
Augustomagus (dans le Ms. du Vatican)...............	21	31 ½	Poste entre Montmagnis et Dognon ou Magnac...............	31 ½
Argentomago...............	21	31 ½	Argenton...............	31 ½

[1] Variante d'après le Ms. de Paris.

203. *Itinéraire de la route de* Burdigala (*Bourdeaux*) *à* Aginnum (*Agen*).

Itinéraire d'Antonin, Wesseling, page 461.	Lieues gauloises.	Milles romains.	Cartes modernes.	Milles romains.
Burdigala..................	...	...	Bourdeaux.....	...
Sirione..................	...	...	Embouchure du Céron dans la Gironde, entre Barsac et Prégnac.	...
Ussubium..............	20	30	Usetz......................	30
Fines.....	24	36	La Marque..................	35
Aginnum..............	15	22½	Agen	22

204. *Itinéraire de la route de* Vesunna (*Périgueux*) *à* Augustoritum (*Limoges*).

Itinéraire d'Antonin, Wesseling, page 461.	Lieues gauloises.	Milles romains.	Cartes modernes.	Milles romains.
Vesunna.,..............	...	...	Périgueux...................	...
Fines................	...	21	Thiviers (en ligue droite).......	21
Augustoritum...........	28	42	Limoges (par la route)	42

205. *Itinéraire de la route d'*Aginnum (*Agen*) *à* Lugdunum (*Saint-Bertrand de Comminges*).

Itinéraire d'Antonin. Wesseling, page 462.	Lieues gauloises.	Milles romains.	Cartes modernes.	Milles romains.
Aginno.................	...	...	Agen....................	...
Lactura...............	15	22½	Lectoure....................	22½
Climberrum......	15	22½	Auch.....................	22½
Belsino..............	10	15	Beres (au midi de Masseube, Belgarde).......................	15
Lugdunum	23	34½	S.-Bertrand-de-Comminges)	34

206. *Itinéraire de la route de* Climberrum (*Auch*) *à* Bersino (*Berginatz*).

Itinéraire d'Antonin. Wesseling, page 462.	Lieues gauloises.	Milles romains.	Cartes modernes.	Milles romains.
Climberrum..............	...	...	Auch.....................	...
Bersino '..............	12	18	Berginats..................	18

' Variante du Ms. de Bâle.

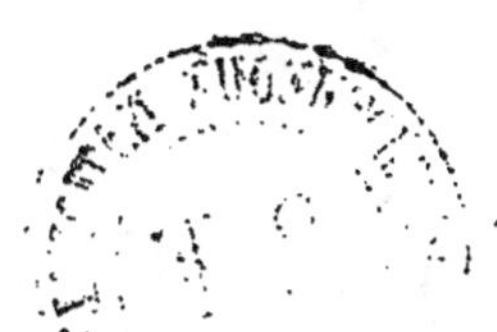

207. *Premier itinéraire de la route de* BURDIGALA *(Bourdeaux)* à AUGUSTODUNUM *(Autun).*

Itinéraire d'Antonin. Wesseling, page 458.	Lieues gauloises.	Milles romains.	Cartes modernes.	Milles romains.
Burdigala................	...	...	Bourdeaux................	...
Blavio..................	19	28½	Blaye...................	28
Tamnum...............	16	24	Valeyrat ou le banc vis-à-vis S.-Romans....................	24
Novioregum.............	12	18	Royan (en ligne droite)........	18
Mediolanum Santonum.....	15	22½	Saintes (en ligne droite)........	22
Aunedonnacum	16	24	Auuay (en ligne droite).........	24½
Rauranum	20	30	Rom (en ligne droite)	30
Limonum (XXI *corrigez* XVI)..	16	24	Poitiers...................	24
Fines	21	31½	Haintz (en ligne droite)........	30
Argentomago	21	31½	Argenton.................	31½
Ernodorum	27	40½	Passage de l'Arnon à S.-Ambroise (*Ernotorum* du moyen âge)....	40½
Avaricum...............	13	19½	Bourges à S.-Priné	19
Tinconcium.............	20	30	Sancon..................	32
Deccidœ................	22	33	Decise...................	33½
Alisiucum...............	14	21	Anizy...................	21
Augustodunum...........	22	33	Autun (par la route de Château-Chinon)..................	33

---

208. *Deuxième itinéraire de la route de* BURDIGALA *(Bourdeaux)* à AUGUSTODUNUM *(Autun).*

Table Théodosienne, segm. I A B C, segm. 2 A.	Lieues gauloises.	Milles romains.	Cartes modernes.	Milles romains.
Burdigalo................	...	...	Bourdeaux................	...
Blania (IX *corrigez* XIX).....	19	28½	Blaye	28
Lamnum................	22	33	Talmont (en ligne droite, à la Vieille-Ville)...............	33
Mediolano Saneorum.......	13	19½	Saintes	20½
Avedonnaco.............	16	24	Aunay...................	24
Brigiosum	8	12	Ancien Briou (passage de la Boutonne à Chevigné)...........	12
Rarauna	12	18	Raum ou Rom..............	18¼
Lemuuo................	16	24	Poitiers..................	24
Fines	20	30	Haintz...................	30½
Argantomago	...	...	Argenton	31¼
Alerta	14	21	S.-Vinceut d'Ardentes........	21
Avaricum	28	42	Bourges (à S.-Priné)..........	40
Tincollo................	20	30	Sancon..................	32
Degena................	...	33	Decise...................	33½
Alisincum...............	14	21	Anizy...................	21
Augustodunum...........	22	33	Autun...................	33

209. *Itinéraire de la route d'*Avaricum *(Bourges)* *à* Aquæ Bormonis *(Bourbon-l'Archambault).*

Table Théodosienne, segment 1 E F.	Lieues gauloises.	Milles romains.	Cartes modernes.	Milles romains.
Avaricum................	...	...	Bourges...	...
Tincollo.................	20	30	Sancon....................	30
Degena...............	...	33	Decise	33
Aquis Bormonis...........	...	30	Bourbon-l'Archambault........	30

210. *Itinéraire de la route de* Mediolanum *(Saintes)* *à* Augustoritum *(Limoges).*

Table Théodosienne, segment 1.	Lieues gauloises.	Milles romains.	Cartes modernes.	Milles romains.
Mediolano Saneor.........	...	...	Saintes...................	...
Avedonnaco.............	16	24	Aunay....................	24
Seranicomago...........	29	$43\frac{1}{2}$	S.-Laurent de Séris et Manigossy.	$43\frac{1}{2}$
Casinomago.............	12	18	Chassenon..................	$17\frac{1}{2}$
Ausrito................	17	$25\frac{1}{2}$	Limoges...................	$25\frac{1}{2}$

211. *Itinéraire de la route d'*Augustoritum *(Limoges)* *à* Augustonemetum *(Clermont).*

Table Théodosienne, segment 1.	Lieues gauloises.	Milles romains.	Cartes modernes.	Milles romains.
Ausrito................	...	...	Limoges...................	...
Pretorio................	14	21	Pourrioux..................	21
Acitodunum.............	18	27	Le Mouthiers d'Ahun........	27
Fines.................	20	30	Croisacoigne (ruisseau de Merinthal, près de Montet-le-Gelat)..	30
Ubi..um...............	10	15	Pont-Gibaud................	15
Aug. Nemete............	9	$13\frac{1}{2}$	Clermont..................	$13\frac{1}{2}$

212. *Itinéraire de la route de* Burdigala *(Bordeaux)* *à* Vesunna *(Périgueux).*

Table Théodosienne, segment 1.	Lieues gauloises.	Milles romains.	Cartes modernes.	Milles romains.
Burdigalo...............			Bourdeaux................	
Va..tedo...............	...	...	Passage de la rivière au port d'Ison.	...
Corterate...............	18	27	Coutras...................	27
C.unaco...............	19	$28\frac{1}{2}$	S.-Vincent de Conozat.........	$28\frac{1}{2}$
Vesonna...............	10	15	Tour de Vesune à Périgueux	15

213. *Itinéraire de la route de* TOLOSA (*Toulouse*) *à* DIVONA (*Cahors*).

Table Théodosienne, segment ɪ D.	Lieues gauloises.	Milles romains.	Cartes modernes.	Milles romains.
Tolosa	...	...	Toulouse	...
Fines	...	28	Le Fau	28
Cosa	7	10½	Cos	10½
Dibona	20	30	Cahors	30

214. *Itinéraire de la route de* DIVONA (*Cahors*) *à* SEGODUNUM (*Rhodez*).

Table Théodosienne, segment ɪ.	Lieues gauloises.	Milles romains.	Cartes modernes.	Milles romains.
Dibona	...	...	Cahors	...
Varadeto	15	22½	Varayre et Vidailhac	22½
Carantomago	11	16½	Cabanes et Badour	17
Segodum	15	22½	Rhodez	22½

215. *Itinéraire de la route de* SEGODUNUM (*Rhodez*) *à* CESSERONE (*Saint-Thibery*).

Table Théodosienne, segment ɪ.	Lieues gauloises.	Milles romains.	Cartes modernes.	Milles romains.
Segodum	...	...	Rhodez	...
Condatomagus	30	45	Les Conqs, près de Nant	45
Loteva	...	23	Lodève	23
Cesserone	...	28	S.-Thibery	28

216. *Itinéraire de la route d'*AGINNUM (*Agen*) *à* TOLOSA (*Toulouse*).

Table Théodosienne, segment ɪ D.	Lieues gauloises.	Milles romains.	Cartes modernes.	Milles romains.
Aginnum	...	...	Agen	...
Lactora	...	...	Leytoure	...
Sa...ali	16	24	Cologue et N.-D.-de-Sabouls	24
Tolosa	20	30	Toulouse	30

217. *Itinéraire de la route d'*Aginnum (*Agen*) *à* Divona (*Cahors*).

Table Théodosienne, segment 1.	Lieues gauloises.	Milles romains.	Cartes modernes.	Milles romains.
Aginnum................	...	...	Agen................	...
Excisum................	13	19½	Mottesey................	19½
Diolindum (xxi)[1]........	...	...	La Linde (en passant la Dordogne à Pontour)........	...
Dibona................	24	36	Cahors................	36

218. *Itinéraire de la route d'*Aginnum (*Agen*) *à* Vesunna (*Périgueux*).

Table Théodosienne, segment 1.	Lieues gauloises.	Milles romains.	Cartes modernes.	Milles romains.
Aginnum................	...	...	Agen................	...
Excisum................	13	19½	La Motte-Esey................	19½
Diolindum................	21	31½	La Linde................	31½
Vesonna................	...	...	Périgueux................	27

219. *Itinéraire de la route de* Segodunum (*Rhodez*) *à* Lugdunum (*Lyon*).

Table Théodosienne, segment 1 et 2.	Lieues gauloises.	Milles romains.	Cartes modernes.	Milles romains.
Segodum................	...	...	Rhodez................	...
Silanum................	...	24	Anglars, en Castelnau........	24
Aquis Calidis............	...	...	Aigues-Chaudes, près d'Anterrieux................	...
Anderitum................	18	27	Anterrieux................	27
Condate................	22	33	S.-Arcons................	33
Revessione................	12	18	S.-Paulien (Verrinac)........	18
Icidmago[2]................	14	21	Issengeaux................	21
Aquis Segeste............	17	25½	S.-Etienne, en Forest........	25½
Foro Segustavarum........	9	13½	Farnay (Succurs.)........	13½
Lugdunum................	16	24	Lyon................	24

[1] Ce chiffre xxi appartient à l'itinéraire de la route de Périgueux, qui n'a pas été complété; conférez le n° 218.

[2] La nouvelle édition de la Table (Leipsick, 1824) nous apprend qu'il faut lire XIIII et non XVII, comme dans l'édition de Von Scheyb. — Conférez l'avertissement de cette nouvelle édition, page 11. — L'édition donnée à Bude, en 1824, qui accompagne l'*Orbis Antiquus ex Tabula Itineraria* de Katanschsich, est pareille à celle de Von Scheyb.

220. *Itinéraire de la route d'*Augusta Nemetum *(Clermont)*
à Lugdunum *(Lyon).*

Table Théodosienne, segm. 1 et 2.	Lieues gauloises.	Milles romains.	Cartes modernes.	Milles romains.
Aug. Nemete...............	...	...	Clermont......................	...
Vorogio..................	8	12	Vertaizon et Verdonnet..........	12
Ariolica..................	19	28½	Roure et la Cartelas...........	28½
Rodamna.................	12	18	Rouanne....................	18
Mediolano................	22	33	Meylieu....................	33
Foro Segustavarum........	14	21	Farnay......................	21
Lugdunum................	16	24	Lyon........................	24

*** 221.** *Premier itinéraire de la route d'*Arelate *(Arles)*
à Valentia *(Valence).*

Itinéraire d'Antonin. Wesseling, page 553.	Lieues gauloises.	Milles romains.	Cartes modernes.	Milles romains.
Civ. Arellate..............	...	...	Arles........................	...
Mut. Arnagine...........	5	8	S.-Gabriel...................	7½
Mut. Bellinto............	7	10	Barbantane..................	10
Civitas Avenione..........	3	5	Avignon.....................	5
Mutatio Cypresseta........	3	5	La Treille-Peyn (jonction de la Louvez et du Rhône).........	5
Civitas Arausione..........	10	15	Orange......................	15
Mutatio ad Lectoce........	9	13	Passe du Lez................	13
Mutatio Novem Craris.	7	10	Chartroussas (passage de la Berre).	10
Mansio Acuno............	10	15	Auconne (la route passe ici à la gauche du Rhône)...........	15
Mutatio Vantianis..........	8	12	Baix et Bance................	12
Mutatio Umbenno.........	8	12	Au bac, vis-à-vis Cerisier-Beauchastel.....................	12
Valentia.................	6	9	Valence......................	9

*** 221.** *Deuxième itinéraire de la route d'*Arelate *(Arles)*
à Valentia *(Valence).*

Table Théodosienne, segment 2 D.	Lieues gauloises.	Milles romains.	Cartes de Cassini, nos 92, 120, 121, 122, 123.	Milles romains.
Arelato..................	...	...	Arles........................	...
Ernagina.................	...	6	S.-Gabrielle..................	7½
Avenione.................	10	15	Avignon (route le long du Rhône).	15
Arausione................	10	15	Orange......................	15
Senomago................	10	15	S.-Pierre-de-Senos (par la route moderne)..................	15
Acunum..................	12	18	Jonction de la route d'Auconne à Montelimart................	18
Ratiana..................	8	12	Bances, vis-à-vis Baix..........	12
Valentia..................	13	19	Valence.....................	19

222. *Itinéraire de la route de* Cemenelum (*Simiers*) *à* Arelate (*Arles*).

Itinéraire d'Antonin. Wesseling, page 296.	Lieues gauloises.	Milles romains.	Cartes modernes.	Milles romains.
Cemnelo.........	...	...	Simiers.........	...
Varum flumine.........	4	6	Le Var, fleuve (passage à S.-Laurent).........	6
Antipoli.........	7	10	Antibes.........	10
Ad Horrea.........	8	12	Horibel ou Auribeau , à l'embouchure du ruisseau de Viviers...	12
Forum Julii.........	12	17	Fréjus.........	17
Forum Voconii.........	16	24	Le Canet.........	24
Matavonio.........	8	12	Vins.........	12
Ad Turrem.........	9	14	Tourves.........	14
Tegulata	11	16	Tretz.........	16
Aquis Sextis.........	10	15	Aix.........	15
Massilia.........	12	18	Marseille.........	18
Calcaria.........	9	14	S.-Victoret et passage de la Cardière.	14
Fossis Marianis.........	23	34	Foz-lès-Martigues (en faisant le tour de l'étang de Berre)......	34
Arelate.........	22	33	Arles (en suivant le rivage jusqu'au Rhône).........	33

---

223. *Itinéraire du chemin direct de* Massilia (*Marseille*) *à* Arelate (*Arles*), *indiqué par certains manuscrits de l'itinéraire.*

Itinéraire d'Antonin. Wessel., page 299, et les Mss.	Lieues gauloises.	Milles romains.	Cartes modernes.	Milles romains.
Massilia.........	...	...	Marseille.........	...
Calcaria.........	9	14	S.-Victoret et passage de la Cardière.	14
Fossis Marianis.........	23	34	Extrémité nord-est de l'étang de Ligagnau, en passant par Foz-lès-Martigues.........	33
Arelate.........	9	13	Arles (par la route et la plaine de Crau).........	13

*** 224.** *Itinéraire de la route de* Forum Julii (*Fréjus*) *à* Arelate (*Arles*).

Table Théodosienne, segment 2 D.	Lieues gauloises	Milles romains.	Cartes de Cassini.	Milles romains.
Foro Julii	...	...	Fréjus	...
Anteis	12	19	Draguignan	18¼
Reis Apollinaris	23	32	Riez	32
Aquis Sestis	29	44	Aix	44
Pisavis	12	18	Pelissano et Langon	18
Tuisias [1]	12	18	S.-Martin-de-la-Crau	18
Arelato	7	11	Arles	11

*** 224.** *Itinéraire de la route détournée de* Forum Julii (*Fréjus*) *à* Aquis Sestis (*Aix*).

Table Théodosienne, segment 2 D.	Lieues gauloises	Milles romains.	Cartes modernes.	Milles romains.
Foro Julii	...	...	Fréjus	...
Anteis	12	19	Draguiguan	18¼
Matavone	15	22	Vins	22
Ad Turrem (xvii *lisez* xiiii)	9	14	Tourves	14
Tegulata	11	16	Tretz	16
Aquis Sestis	10	15	Aix	15

---

225. *Itinéraire de la route de* Cemenellum (*Simiers*) (*Nice*) *à* Arelate (*Arles*).

Table Théodosienne, segm. 2 F E D.	Lieues gauloises	Milles romains.	Cartes de Cassini.	Milles romains.
Gemenello	...	...	Simiers	...
Varum fl.	4	6	Le Var	6
Antipoli	7	10	Antibes	10
Ad Horrea	8	12	Horribel (à l'embouchure du ruisseau de Viviers et de la rivière de Singres)	12
Foro Julii	12	17	Fréjus	17
Foro Voconii	17	25	Le Canet	24
Matavone	8	12	Vins	12
Ad Turrem (xvii *corr.* xiiii)	11	14	Tourves	14
Tegulata	11	16	Tretz	16
Aquis Sestis	10	15	Aix	15
Massilia Grecorum	12	18	Marseille	18
Calcaria	9	14	S.-Victoret et passage de la Cardière	14
Fossis Marianis	22	33	Foz-lès-Martigues	34
Arelate	22	33	Arles	33

[1] La lettre qui suit le *T* est à moitié effacée dans l'édition de Von Scheyb, mais il n'y a ni *Tericias*, comme le voulait Welser, ni *Ticisias*, comme lit M. Katanschich, t. I, p. 184, de son *Orbis antiquus*. Dans l'édition de Munich on lit distinctement *Tuisias*.

226. *Itinéraire de* Forum Julii *(Fréjus) à* Matavone *(Vins), formant un embranchement de la route précédente.*

Table Théodosienne, segment 2.	Milles romains.	Cartes modernes.	Milles romains.
Foro Julii..................	...	Fréjus......................	...
Anteis......................	19	Draguignan................	19½
Matavone...................	22	Vins.......................	22

227. *Itinéraire de la route d'*Aquæ Sextiæ *(Aix) à* Arelate *(Arles), formant un autre embranchement de la route tracée dans le numéro 125.*

Table Théodosienne, segment 2.	Lieues gauloises.	Milles romains.	Cartes modernes.	Milles romains.
Aquis Sestis................	...	...	Aix.......................	...
Pisavis.....................	...	...	La chapelle S.-Jean de Bernasse..	...
Calcaria....................	22	33	S.-Victoret et au passage de la Cardière, en passant par *Pisavis*...	33
Fossis Marianis............	22	33	Foz-lès-Martigues............	34
Arelate....................	22	33	Arles......................	33

228. *Itinéraire de la route directe d'*Aquæ Sestiæ *(Aix) à* Arelate *(Arles).*

Table Théodosienne, segment 2.	Lieues gauloises.	Milles romains.	Cartes de Cassini.	Milles romains.
Aquis Sestis................	...	...	Aix.......................	...
Pisavis.....................	12	18	La chapelle S.-Jean de Bernasse..	18
Tuisias.....................	12	18	S.-Martin-de-la-Crau.........	18
Arelato....................	7	11	Arles......................	11

229. *Itinéraire de l'embranchement de la route n° 227, entre* Aquæ Sestiæ *(Aix) et* Fossis Marianis *(Foz-lès-Martigues).*

Table Théodosienne, segment 2.	Milles romains.	Cartes modernes.	Milles romains.
Aquis Sestis...............	...	*Aix*.......................	...
Massilia Grecorum..........	18	*Marseille*..................	18
Calcaria...................	14	*S.-Victoret*................	14
Fossis Marianis............	33	*Foz-lès-Martigues*	33

230. *Itinéraire de la route d'*ARELATE *(Arles) à* JUNCARIA *(Jonquières).*

Itinéraire d'Antonin, Wessel., p. 388.	Milles romains.	Itinéraire d'Antonin, Wessel., p. 396.	Milles romains.	Cartes modernes.	Milles romains.
Arelate........	...	Arelate........	...	Arles..................	...
Nemausum... :	19	Nemausum (XIII *corrigez* XIX)..	19	Nimes..................	19
Ambrussum.....	15	Ambrussum.....	15	Le pont Embérieu, sur la Vidour...............	15
Sextatione......	15	Sextantionem...	15	Ruines de Sextantio, au passage du Loz, près de Castelnau..............	15
Foro Domiti....	15	Foro Domiti. ...	15	S.-Sulpice de Thoron, église ruinée entre Poupan et Gigean..................	18
Araura, *sive* Cesserone.......	18	Ceserone.......	18	S.-Thibery, sur l'Hérault...	15
Beterras........	12	Beterris........	12	Béziers................	9
Narbone........	16	Narbone '.......	15	Narbonne...............	16
....	...	Ad Vigesimum...	20	Pont de Treille, près l'étang de la Palme...........	20
Salsulis........	30	....	...	Fort Salas.............	30
....	...	Combusta.......	14	Trois mille toises au sud de Salas.................	14
....	...	Ruscione.......	6	Castel-Roussillon.........	6
Ad Stabulum....	...	Ad Centuriones..	20	S.-Martin, passage de la Tech, près le Boulou au-delà de la rivière.......	20
Ad Pyrenæum...	16	....	...	Château du Reart.........	16
....	...	Summo Pyrenæo.	5	Bellegarde et l'Ecluse.....	5
Juncaria.......	16	Juncaria........	16	Jonquière..............	17

' Variante du Ms. 7230.

231. *Itinéraire de la route d'*ARELATE (*Arles*) *à* BARCINO (*Barcelone*).

Itinéraire d'Antonin, page 552 et 390.	Milles romains.	Cartes modernes.	Milles romains.	Table Théodosienne, segment 1.	Milles romains.	Cartes modernes.	Milles romains.
Civ. Arelate.....	...	Arles,..........	...	Arelate..........	...	Arles..........	...
Mut. Ponte Ærarium.........	8	Pontonneau, près la Trésorière...	8	Ugerno..........	9	Pont de Beaucaire (en ligne droite).	10
Civ. Nemansum...	12	Nimes..........	12	Nenniso..........	15	Nimes..........	15
Mut. Ambrosio...	15	Pont Embrieu....	15	Ambrusium......	15	Pont Embrieu....	15
Mut. Sostantione..	15	Ruines de Sextantio..........	15	Serranone.......	20	Ruines de Sextantio à Castelnau (en passant par Boisseron)........	20
Mut. Foro Domiti..	17	S.-Sulpice de Thoron..........	15	Foro Domitii. ...	15	S.-Sulpice de Thoron..........	15
Mans. Cessarone..	18	S.-Thibery......	18	Cesserone.......	18	S.-Thibery......	18
Civit. Biterris....	12	Béziers........	12	Beteris........	12	Béziers........	12
Civit. Narbone...	16	Narbonne.......	16	Narbone........	21	Narbonne (en passant par le lieu nommé Quarante)	21
....	...	....	...	Ruscione........	6	Castel - Roussillon de Combiesta..	6
....	...	....	...	Illiberre.........	7	Alneya (un peu au-delà).........	7
....	...	....	...	Ad Centenarium..	12	A la chapelle S.-Martin, sous le Boulou........	12
....	...	....	...	In summo Pyreneo.	5	Bellegarde, sommet des Pyrénées...	5
....	...	....	...	Declana.........	4	Lécluse (à partir du château du Reart)........	4
....	...	....	...	Juncaria.........	12	Jonquière.......	12

---

232. *Route* JUNCARIA (*Jonquières*) *à* BARCINO (*Barcelone*) [1].

Itinéraire d'Antonin, page 30.	Milles romains.	Itinéraire d'Antonin, page 397.	Milles romains.	Cartes modernes.	Milles romains.	Cartes modernes.	Milles romains.
Juncaria........	...	Juncaria.........	...	Jonquière........	...	....	...
....	...	Cinniana.......	15	Cuirana..........	...	....	15
Gerunda........	27	....	...	Girona.........	27	....	...
....	...	Aquis Voconiis...	24	Fontanillas et Gault. ..	...	....	24
....	...	Secerras.........	15	Sectinea.........	...	....	15
....	...	Prætorio........	15	Arènes de Val....	...	....	15
Barcinone [2].....	47	Barcinone.......	17	Barcelone.......	47	....	17

[1] La Table, segment 1, met entre Juncaria et Cemvana (Cinniana), 15; entre Cemvana et Gerunda, 12, et entre Gerunda et Vocom (Voconi), 12, ce qui est d'accord avec l'itinéraire.

[2] Variante du Ms. 7230 A.

233. *Itinéraire de* AD PYRENÆUM (*château du Réart*) *à* JUNCARIA (*Jonquières*).

Table Théodosienne, segment 1.	Milles romains.	Cartes modernes.	Milles romains.
In Summo Pyreneo (confondu avec Ad Pyreneum)...............	...	Château du Reart.............	...
Declana....................	4	Lécluse....................	4
Juncaria......................	12	Jonquière..................	12

***234.** *Itinéraire de la route de* PAMPELONE (*Pampelune*) *à* BURDIGALA (*Bourdeaux*)[1].

Itinéraire d'Antonin, Wesseling, page 455.	Lieues gauloises.	Milles romains.	Cartes modernes.	Milles romains.
Pompelone.................	...	...	Pampelune..................	...
Turissa...................	...	22	Iturin.....................	22
Summo Pyrenæo............	...	...	Sommet de Castel Piuon.......	...
Immo Pyrenæo.............	...	...	S.-Jean-de-Pied-de-Port.......	...
Carasa....................	...	...	Garis......................	...
Aquis Tarbellicis..........	39	58½	D'Aqs (Dax)..............	58½
Mosconnum..............	16	24	Mixe......................	24
Segosa...................	12	18	Escourse..................	18
Losa....................	12	18	Bois de Licogas.............	18
Boios....................	12	18	Bougès....................	17
Burdigalam.............	16	24	Bourdeaux................	24

***234.** *Itinéraire de la route de* PAMPELONE (*Pampelune*) *à* AQUIS TARBELLICIS (*D'Aqs*).

Itinéraire d'Antonin, Wesseling, page 455.	Lieues gauloises.	Milles romains.	Cartes modernes.	Milles romains.
Pampelone................	...	...	Pampelune................	...
Summo Pyrenæo..........	18	27	Sommet de Castel-Pinon........	27
Imo Pyrenæo............	5	7½	S.-Jean-Pied-de-Port...........	7½
Carasa..................	12	18	Garis.....................	18
Aquis Tarbellicis[2]........	19	28½	D'Aqs (Dax)................	28½

[1] Cet itinéraire a été formé par deux itinéraires mélangés, et doit être dédoublé.
[2] Selon la variante du Ms. napolitain.

---

235. *Itinéraire de la route* d'Aquis Tarbellicis (*D'Aqs*) à Burdigala (*Bourdeaux*).

Itinéraire d'Antonin. Wesseling, page 456.	Lieues gauloises.	Milles romains.	Cartes modernes.	Milles romains.
Aquis Tarbellicis..........	...	...	D'Aqs ou Aquise (Dax)..........	...
Coequosa..................	16	24	Caussèque et Cuillic............	24
Tellouum.................	18	27	Loustaley et Importey..........	27
Salomaco..................	12	18	Salles.....................	18
Burdigala................	18	27	Bourdeaux..................	27

236. *Itinéraire de la route* d'Aquis Tarbellicis (*D'Aqs*) à Tolosa (*Toulouse*).

Itinéraire d'Antonin. Wesseling, page 456.	Lieues gauloises.	Milles romains.	Cartes modernes.	Milles romains.
Aquis Tarbellicis..........	...	...	D'Aqs ou Aquise (Dax)..........	...
Beneharnum...............	19	$28\frac{1}{4}$	Vieille Tour de Maslac.........	$28\frac{1}{4}$
Oppido Novo..............	18	27	Naix (Nay)...................	29
Aquis Convenarum [1]........	18	27	Bagnères en Bigorre...........	27
Lugdunum.................	16	24	S.-Bertrand de Comminges......	24
Calagorris................	...	26	S.-Martorri, ou Martorris......	26
Aquis Siccis..............	...	16	Ayguas-Sec..................	16
Vernosole................	...	15	Vernoz.....................	15
Tolosa...................	...	15	Toulouse...................	15

237. *Itinéraire de la route* d'Aquis Siccis (*Ayguas-Sec*) à Vernosole (*La Vernose*).

Itinéraire d'Antonin. Wesseling, page 457.	Milles romains.	Cartes modernes.	Milles romains.
Aquis siccis..................	...	Ayguas-Sec..................	...
Vernosole [2]	12	La Vernose (en ligne directe)....	12

[1] D'après les variantes d'un Ms. de Longolianus.

[2] Variante du Mss. de Cusanus et 4806.

* 238. *Premier et deuxième tracé de l'itinéraire de la route de* Cæ-
saraugusta (*Saragosse*) *à* Beneharnum (*la vieille tour à l'est de
Maslac*) [1].

Premier itinéraire d'Antonin. Wesseling, p. 452.	Lieues gauloises.	Milles romains.	Deuxième itinéraire d'Antonin. Wesseling, p. 452.	Lieues gauloises.	Milles romains.	Cartes modernes.	Lieues gauloises.	Milles romains.
Cæsaraugusta.......	...	...	Cesar Augusta......	...	...	Saragosse..........	...	...
Foro Gallorum.	...	30	Foro Gallorum......	...	30	Passage de la Gallijo à Ardissa........	...	30
Ebellino...........	22	...	....	...	...	....	...	...
Summo Pyreneo.....	24	36	Summo Pyreneo.....	24	36	Port de Bernere. ...	...	33
Foro Ligneo........	5	7½	Foro Ligneo........	5	7½	Pene d'Arète.......	5	7½
Aspaluca.	7	10½	Aspaluca.	7	10½	Pont de Lesquit, dans la vallée d'Aspse...	7	10½
Ilurone...........	12	18	Ilurone...........	12	18	Oleron............	12	18
Beneharnum........	12	18	Beneharnum........	12	18	Vieille Tour à l'est de Maslac..........	12	18

---

* 238. *Troisième tracé de l'itinéraire de la route de* Cæ-
saragusta (*Saragosse*) *à* Beneharnum (*la vieille tour
à l'est de Maslac*).

Itinéraire d'Antonin. Wesseling, p. 452.	Lieues gauloises.	Milles romains.	Cartes modernes.	Milles romains.
Cesar Augusta.............	...	...	Saragosse................	... ...
Ebellino..................	...	...	Castillo..................	... ...
Foro Ligneo..............	...	...	Pene d'Arète.............	... ...
Aspa Luca...............	7	10½	Pont l'Esquit.............	7 10½
Ilurone..................	12	18	Oleron.	12 18
Beneharnum.............	12	18	Vieille Tour à l'est de Maslac.	12 18

---

239. *Itinéraire de la route d'*Aquis Tarbellicis (*D'Aqs*)
à Aquis Convenarum (*Bagnères de Bigorre*).

Itinéraire d'Antonin. Wesseling, p. 457.	Lieues gauloises.	Milles romains.	Cartes modernes.	Milles romains.
Aquis Tarbellicis..........	...	...	D'Aqs ou Aquise (Dax)....	... ...
Beneharnum..............	19	28½	Vieille Tour à l'est de Maslac.	19 28½
Oppido Novo.............	18	27	Naix....................	18 27
Aquis Convenarum.......	18	27	Bagnières de Bigorre.......	18 27

[1] Formé de trois itinéraires mélangés, cet itinéraire doit être décomposé pour retrouver les distances.

ANALYSE GÉOGRAPHIQUE

DE

L'ITINÉRAIRE MARITIME.

OBSERVATIONS PRÉLIMINAIRES.

Dans l'itinéraire terrestre d'Antonin chaque lieu et son chiffre dépendent nécessairement du lieu qui les précède et qui les suit, puisque ce n'est qu'ainsi qu'ils expriment une corrélation de distances, et chaque ligne prise isolément ne peut rien exprimer. Les intercalations et les mélanges doivent donc y être rares ou en petit nombre, et il est possible, avec le secours de quelques légères corrections, de présenter le tableau de chaque route en particulier. Il n'en est pas de même de l'itinéraire maritime : comme le point de départ et celui d'arrivée se trouvent sur la même ligne, il s'ensuit que chaque ligne et son numéro forment un tout, et un sens complet. Chaque ligne est en quelque sorte un itinéraire à part qu'on peut ou transposer ou isoler sans qu'il cesse d'être entier. C'est comme les titres des itinéraires terrestres qui reprennent les deux points extrêmes d'une route par un seul chiffre, et qui n'ont pas besoin d'avoir une corrélation avec les autres routes qui précèdent ou qui suivent. Je ne prétends pas dire pour cela que ceux qui ont dressé l'itinéraire maritime n'ont gardé aucun ordre ; ils ont voulu au contraire conserver l'ordre et la progression qui se trouvent dans la position des lieux qu'ils indiquent, et chacun des itinéraires maritimes, d'où celui que nous avons a été tiré, observait sans doute cet ordre. Mais il est facile de comprendre que la manière dont cet itinéraire a été rédigé a dû rendre les intercalations et les interversions plus fréquentes. Il a été possible à chaque compilateur d'extraire de différentes cartes, tables ou itinéraires, des distances pour rendre son itinéraire maritime plus complet; et pour que son travail fût utile, il n'était pas absolument nécessaire qu'il connût, ou qu'il observât, la série des positions. Le navigateur plus instruit pouvait redresser ces dérangemens, et tirait néanmoins avantage de ces sortes de compilations, quoique dressées par des hommes ignorans. Voilà pourquoi nous trouvons dans l'Itinéraire maritime tant de confusion et d'inexactitude apparente. Comme il faut perpétuellement remettre en place des noms ou des chiffres transposés, il est impossible, comme dans l'Itinéraire terrestre, de présenter le tableau des distances comparées sans les remarques qui le concernent. Pour pouvoir me faire comprendre, il m'a fallu incorporer les remarques avec le tableau, et arrêter les totaux de chacune des lignes dont les positions se suivent sans dérangement.

Après une lecture attentive de ce travail, on jugera, sans peine, que l'Itinéraire maritime est peut-être de tous les monumens géographiques le plus difficile à expliquer, et à rétablir dans sa pureté primitive.

* 240. *Itinéraire maritime de* Pisanus Portus *à* Portus Delphini.

Itinéraire maritime dans Wesseling, *Vetera Romanorum Itineraria,* page 5o1.　　Milles romains.

A Portu Pisano Pisis fluvius........................ 9
A Pisis Luna fluvius Macra........................ 30

A Portu Pisano Pisis fluvius........................ 9
A Pisis Luna fluvius Macra (embouchure de l'Arno confondue
　　avec celle du Serchio)........................ 30

A Luna Segesta positio........................ 30

A Segesta Portum Veneris (xxx)........................ ....
　　Cette ligne manque dans tous les manuscrits de la Bibliothéque. Il est
évident que c'est une intercalation fautive, puisqu'elle fait rétrograder
la route.

A Portu Veneris (*lisez* A Segesta) Portus Delphini........ 18
　　La ligne précédente étant retranchée, on doit partir de *Segesta* où la
distance antérieure nous a porté; *A Portu Veneris* est donc une faute,
il fallait lire *A Segesta.* C'est probablement cette erreur qui a donné lieu
à l'intercalation de la ligne précédente.

* 240. *Itinéraire maritime de* LIVOURNE *à* PORTO DELFINO.

Cartes modernes.	Milles romains.
Dé Livourne à l'embouchure de l'Arno, fleuve............	9
De l'Arno à l'embouchure du fleuve Magra ou de Luni....	31

La mesure est en ligne droite. Il y a un petit torrent ou rivière qui coule à Luni et se débouche dans l'embouchure même du fleuve Magra. La courbe formée par le rivage étant très peu bombée, les vaisseaux pouvaient aller en ligne droite sans perdre de vue la terre.

Cependant en considérant attentivement le court intervalle, et les marais, qui séparent les embouchures de l'Arno et du Serchio, on est porté à croire qu'autrefois une branche de l'Arno se détachait dans le Serchio. Alors ce dernier serait le *Pisanis fluvius*, et on aurait les mesures suivantes, qui sont encore plus exactes en suivant exactement la côte.

De Pise à l'embouchure du fleuve Serchio par Morona et Fiumicello, et ensuite le fleuve Serchio...............	9
De l'embouchure du fleuve Serchio à celle du fleuve Magra.	30

On suit exactement la côte, et cette opinion paraît d'autant plus probable que du temps de Ptolémée le fleuve qui coule à Pise était connu sous le nom particulier de *Arnus fluvius*, et Simlerus nous apprend (j'ignore sur quelle autorité) que le *Pisavus fluvius* était appelé *Auserem*.

Du fleuve de Luni ou de Magra à Sestri di Levante.......	30

Dans ce trajet, pour retrouver la mesure ancienne, il ne faut pas suivre la côte trop rigoureusement; de l'embouchure de la rivière Magra on va droit à l'île Tino sans entrer dans l'anse ou le golfe de Spezia : de Tino droit à la Punta del Mesco; de Punta del Mesco droit à Sestri di Levante.

De Sestri di Levante à Porto Venere	

27 milles romains en côtoyant. 21 à 22 en ligne droite.

De Sestri di Levante à Porto del Fino (en suivant la côte)..	18

Il faut observer que la courbe formée par le rivage entre ces deux lieux étant extrêmement prononcée, on ne pouvait aller en ligne droite sans s'éloigner beaucoup de terre; ainsi on suivait la côte.

Milles
romains.

Itinéraire matitime. Wesseling, page 5o3.

A Portu Delphini Genua Portus...................... 16

A Genua Vadis Portus............................. 30

A Vadis Sabatiis Albingaunum portus................. 18

Ab Albingauno portum Mauricii Tavia fluvius............ 25

    Albingauno, *Portum Mauricii* et *Tavia fluvius*, voilà trois positions, et il n'en faut que deux; nous donnons à la position suivante l'explication de cette anomalie, et nous prouverons qu'il faut lire :

        Ab Albingauno Portum Mauricii.......... xxv
        Portum Mauricii Tavia fluvius............ xii

—————
89

A Vintimilio Plagia (xii).................................. ....

    La plage de Vintimille ne formant qu'une seule position, il en faut une seconde pour exprimer une corrélation de distance; la mesure doit nous démontrer quelle était cette autre position, mais cette mesure n'est pas la même dans tous les manuscrits de l'Itinéraire. Le Ms. 4806 de la Bibliothèque du Roi porte xxii et le Ms. 4807, xv. Le Ms. 4808, qui est le plus nouveau, marque xii. Je vais prouver que tous ces chiffres étaient parfaitement exacts et qu'ils expriment des distances différentes qu'on a mélangées et confondues ensemble.

    1°. En retranchant une des positions de la ligne où il s'en trouve une de trop, parce qu'on a mélangé deux distances en une seule, je lis, pour le Ms. 4808 et Wesseling :

Portum Mauricii Tavia fluvius........................ 12

    2°. En liant la fin de la ligne qui précède dans l'Itinéraire à celle qui suit pour le Ms. 4807, on a :

Tavia fluvius Vintimilio Plagia....................... 15

    3°. En liant le milieu de la ligne qui précède avec celle qui suit pour le Ms. 4806, on a :

Portum Mauricii Vintimilio Plagia.................... 22

A Vintimilio Hercolianico portu....................... 16

    Ptolémée distingue le *Portus Herculis* du *Portus Monœci* : le *Portus Herculis* se trouve placé par lui un peu à l'ouest du *Trophæa Augusti* ou la Turbie. C'est précisément là que nous portent les mesures de l'Itinéraire. Parce que Strabon a dit qu'il y avait au *Portus Monœci* un temple d'Hercule, je ne vois nulle nécessité d'y réunir le *Portus Herculis* de l'Itinéraire et de Ptolémée, et de corriger tous les manuscrits de l'Itinéraire et de l'édition des Aldes, qui portent tous *Herclemannico* ou *Herculianico*. J'aime mieux croire qu'il y avait sur cette côte deux *Portus Herculis*, et que c'est précisément par cette raison qu'on aura distingué l'un d'eux par un surnom. Mais ces deux lieux étaient si près qu'ils ont pu être confondus ensemble; l'un était la citadelle ou le fort, l'autre le port, et la mesure totale de Wesseling y porte.

—————
65

Milles
romains.

Cartes modernes.

De Porto Fino à Gênes   16

> En tirant une ligne droite du Fanal, ou extrémité est de Gênes, à la Pointe près de S.-Frutoso et de là à l'autre cap qui donne entrée dans le Porto Fino, on compte 13 minutes ou milles géographiques.

De Gênes à Vado (en ligne droite)   30

De Vado à Albenga   24

> Les 18 milles porteraient à Loano ou Pullopice.

D'Albenga au port S.-Maurice   19

> Même en côtoyant tous les détours de la côte, on ne trouve pas plus de 16 minutes : ainsi ce qu'il y a de trop dans la mesure précédente se trouve exactement compensé par le déficit de celle-ci ; l'embouchure de la rivière Taggia est beaucoup plus loin. Pour savoir pourquoi elle se trouve mentionnée ici, consultez la remarque ci-contre.

____
89

Plage de Vintimille . . . .

De S.-Maurice à l'embouchure de la rivière Taggia   12

> En suivant exactement la côte, on aboutit à Madouua di l'Arma, un peu à l'est de la rivière ; ou bien en suivant tous les plus petits détours du rivage, on aboutit à la rivière.

De l'embouchure de la rivière Taggia à Vintimille   15

> En suivant exactement la côte avec une ouverture de compas de $\frac{1}{2}$ minute.

Du port S.-Maurice à Vintimille   22

De Vintimille au port d'Eza   16

____
65

Itinéraire maritime. Wesseling, page 5o3.   Stades.

Ab Herculianico Avisione portus................... 22

Dans la plupart des manuscrits de l'Itinéraire, la distance de cette position et celle des deux suivantes manquent; si on admettait que les chiffres donnés par certains manuscrits, et que Wesseling a adoptés, sont des milles romains, il faudrait supposer que l'on a répété trois fois le même trajet, et qu'on a successivement avancé et rétrogradé. Il est bien plus présumable que ces chiffres indiquent des stades ; une partie de l'Itinéraire maritime est en stades. Comme les Grecs marseillais étaient ceux qui naviguaient le plus dans ces parages, il est probable que leurs itinéraires ou cartes maritimes étaient en stades ; c'est d'après un de ceux-là que l'on aura rempli la lacune de certains périples; peut-être aussi originairement les mesures se trouvaient-elles en stades et en milles romains, et c'est par ennui, ou par négligence, que les copistes n'en auront plus transcrit qu'une seule. Alors, comme à l'égard des lieues gauloises, il est facile de comprendre qu'on aura omis l'une, au lieu de l'autre. Mais quelle était la mesure de stades dont on se servait sur cette côte? Strabon nous dit (liv. IV, p. 202) que d'*Albingauno* au *Portus Monœci* (Monaco), on compte 480 stades; or, en suivant la côte, on trouve que cette distance équivaut à 43 minutes d'un grand cercle ou milles géographiques, ce qui fait juste 480 stades de 666⅔ au degré. Si en effet nous mesurons depuis Eza, ou *Portus Herculianicus,* la côte sur l'excellente carte de Bourcet jusqu'au fond de l'anse, au sud du cap de S.-Hospicio, où nous savons que subsistait encore, il y a cinq cents ans, le port *Olivula* , nous trouverons que cette distance équivaut juste au nombre de stades de 666⅔, marqués par l'Itinéraire.

Ab Avisione Anaone portus........................ 4

Ab Anaone ad Olivulam portus..................... 12
                                                 ——
                                                 38

Il a existé dans ce lieu une ville qui, dans le dénombrement du diocèse de Nice, est nommée *Castrum de Monte Olivo*. Les franchises et priviléges accordés à Villefranche par le comte de Provence, Charles II, ont invité les habitans de *Mons Olivi* à s'y transporter vers l'an 1300; et en 1376, l'auteur d'*Un Voyage de Grégoire II à Rome* confond ce port avec celui de Villefranche. Dans l'ancienne carte portugaise de la bibliothèque de Jean-Vincent Pinelli, dont j'ai parlé dans mes notes sur la Géographie de Pinkerton, on trouve près de Niza le *Porte Olius*, mais il n'y est pas fait mention de Villefranche. Dans le Catalogue des lieux qui dépendent du diocèse de Vence, dressé en 1200, est *Castrum de Olivo*. Voyez Hon. Bouche, t. I, p. 286.

Itinéraire maritime. Wesseling, pages 5o4 et 5o5.

	Milles romains.
Ab Olivula Nicia Plaga......................................	5
A Nicia Plaga Antipoli portus..........................	16
Ab Antipoli Lero et Lerinus insulæ...................	11
A Lero et Lerino Foro Juli portus.....................	24
A Foro Juli sinus Sambracitanus Plagia..............	25

Les Mss. 4807 et 4808 portent :

A Foro Julii Sambracitanus plagia........ 15

Sur quoi voyez la remarque ci-contre :

A sinu Sambracitano Heraclia Caccabaria Porbaria portus..	16
Ab Heraclia Caccabaria Alconis.............	12
Ab Alconis Pomponianis portus........................	30
A Pomponianis Telone Martio portus..................	18

157

<table>
<tr><td></td><td align="right">Milles
romains.</td></tr>
<tr><td align="center">Cartes modernes.</td><td></td></tr>
</table>

Du port de Monte Olivo à Nice...................... 5

De Nice au port d'Antibes........................... 16

    Il faut prendre la mesure de l'orient de Nice qui conduit dans l'anse qui est au midi d'Antibes, où est la Salis. En partant de la rivière de Nice et s'arrêtant à Antibes même, on ne compte que 10,000 toises ou $13\frac{1}{2}$ milles. M. Tolosan dit [1] : « Voici la ligne que tiennent les bateaux ; ils vont reconnaître l'embouchure du Var, qui est à six milles de Nice ; puis ils suivent le contour du golfe, qui est de dix milles jusqu'à Antibes. Les patrons de felouques génoises qui avant 1814 venaient habituellement charger du vin dans ce dernier port, m'ont toujours dit qu'ils évaluaient ce trajet à 16 milles [2]. »

D'Antibes au port de Monterey, dans l'île Ste-Marguerite (en suivant la côte).. 11

Du port de Monterey, dans l'île Ste-Marguerite jusqu'à Fréjus.   24

    Ces deux dernières mesures sont de la plus rigoureuse exactitude ; il faut suivre la côte jusqu'au cap de la Croisette, où est le plus court passage pour l'île Ste-Marguerite.

De Fréjus à la plage des Salins, à la sortie du golfe de S.-Tropez.. 25

    Leçon des Mss. 4807 et 4808 :

        Fond du golfe de S.-Tropez à l'étang de Fou....... 15

    Cette leçon est bonne comme détachée et sert à marquer le fond du golfe, mais elle n'est point en harmonie avec le reste de cet itinéraire, qui marche très bien et sans aucun dérangement jusqu'à Toulon en suivant les côtes.

De la plage des Salins à la grande plage de Cavalaire..... 16

    Près de là le canton de Praire et le canton de Cavalaire, et le cap de Portenon, à l'est.

De la plage de Cavalaire à la pointe des Gourdons et la plage de la Vieille....................................... 12

De la pointe des Gourdons au lieu nommé le Port, dans la presqu'île de Gien...................................... 30

Du lieu nommé le Port, dans la presqu'île de Gien, à Toulon.   18

                                                        157

    Les trois manuscrits de la Bibliothèque du Roi portent 18, et cette leçon est préférable à celle de 15, adoptée par Wesseling, qui ne mène que jusqu'à la tour S.-Louis, à l'entrée de la petite rade. Cependant la leçon de 15 peut se justifier en ne serrant plus tant la côte. Cette portion de l'itinéraire se trouve mieux refaite d'après une variante du Ms. 4126.

[1] *L'Ami du Bien*, octobre 1826, p. 71.

[2] Dans la Méditerranée, les pilotes grecs et autres emploient encore le mille romain ancien ou le mille de 75 au degré.

Toute la portion de l'Itinéraire qui se trouve entre *Telo Martius*, Toulon et *Massilia*, Marseille, a été dérangée, et il serait impossible de justifier les mesures qui s'y trouvent et de rétablir l'ordre primitif si les noms modernes ne retraçaient les noms anciens presque sans altération. Donnons d'abord l'itinéraire tel qu'il est à la page 506 de l'édition de Wesseling :

> A Telone Martio Taurento portus.....   XII
> A Taurento Cariesis portus..........   XII
> A Carsicis Citharista portus.......... XVIII
> A Citharista portu Æmines positio.....   VI
> A portu Æmines Immadras positio.....   XII
> Ab Immadris Massilia Græcorum portus.   XII *(Suite, p. 121.)*

1°. Voici comment on doit lire l'itinéraire maritime :

Itinéraire maritime. Wesseling, page 506.

Milles romains.

A Telone Martio Æmines positio...................... **18**

A portu Æmines Taurento........................ **12**
A Taurento Carsicis portus........................ **12**
A Carsicis Citharista portus (en rétrogradant)........... **6**

A Citharista portu Immadras positio.................. **12**

Ab Immadris Massilia Græcorum portus............... **12**
—————
72

L'ensemble de ces mesures forme 72 milles romains, et en suivant la côte avec une ouverture de compas de mille toises, on n'en trouve guère que 60 milles sur la carte moderne. Il y a donc double emploi dans quelques unes des mesures : il y a plus. Je dis qu'il y a deux manières de considérer cette portion de l'Itinéraire. Comme itinéraire maritime, il y a interversion dans une position et double emploi dans une mesure. Cette interversion et ce double emploi proviennent de ce qu'on a mélangé avec l'itinéraire maritime deux itinéraires terrestres sur cette côte qui offraient des noms et des distances semblables, mais différemment combinés : c'est ce qui paraîtra manifeste d'après la correspondance exacte des mesures anciennes avec les meilleures cartes modernes :

	Cartes modernes.	Milles romains.

De Toulon à l'île d'Embiés, au port, près l'oratoire de S.-Pierre.. **18**

> Dans ce trajet, je suis la côte avec une ouverture de compas de 1,000 toises, mais de Toulon je passe droit au fort de l'Eguillette ; et pour aboutir au cap Cepet, je suis la côte en droite ligne sans mesurer l'enfoncement de la plage du Lazaret ni du creux S.-George.

Du port de l'île Embiés aux ruines de Taurenti.......... **12**

Des ruines de Taurenti à Cassis (toujours en suivant la côte). **12**

De Cassis à Céreste ou son port à la Ciotat.............. **6**

> Ici l'itinéraire rétrograde, et cependant la mesure est exacte, mais elle prouve en même temps le mélange de plusieurs autres itinéraires. Céreste est appelée *Cesarista* dans une bulle de Grégoire X de l'an 1084.

De Céreste ou la Ciotat, à l'anse à l'ouest du cap Morgiou. **12**

> La Ciotat est d'une fondation récente. Honoré Bouche observe que dans un ancien dénombrement des lieux de Provence, il est fait mention de Céreste et non de la Ciotat ; et comme Céreste est à près de mille toises de la côte, ceci me persuade que *Citharista* est une intercalation tirée d'un itinéraire terrestre, mais la mesure en partant de la baie qui est vis-à-vis Céreste n'en est pas moins exacte.

De l'anse à l'ouest du cap Morgiou, à l'entrée du port de Marseille.. **12**

> C'est déranger bien gratuitement les mesures que d'aller placer la position d'*Immadris*, non sur la côte du continent, mais sur un petit îlot ou écueil nommé le Maire ou de Mairé : c'est ce qu'a fait M. Tolosan (*Ami du Bien*, juillet 1826, p. 277), et cela pour un prétendu rapport dans les noms qui n'existe pas ou n'existe que faiblement.

72

III.   16

Afin qu'il soit facile de distinguer au premier coup d'œil de quelle manière les deux itinéraires terrestres ont pu se confondre et se mêler avec l'itinéraire maritime, je rapporterai de nouveau toute cette portion de l'itinéraire tel qu'il se trouve dans les manuscrits, et je mettrai en regard les deux itinéraires qui en résultent :

			Milles romains.	Milles romains.
		Premier itinéraire. *Lises :*		
A Telone Martio Taurento portus.	XII	A Telone Taurento portus...	12	
A Taurento Carsicis portus.....	XII	A Taurento Carsicis portus..	12	
		Deuxième itinéraire. *Lises :*		
A Carsicis Citharista portus.....	XVIII	*A Telone Citharista portus.......*		18
A Citharista portu Ænimes positio.	VI	*A Citharista portu Carsicis.......*		6
A portus Æmines Immadras positio.	XII	*A Carsicis Massilia Grecorum.....*		12
Ab Immadris Massilia Grecorum		A Carsicis Massilia Grecorum		
portus....................	XII	portus.................	12	
			36	36

Observez que la position d'*Embies* ou *Æmines* dans une île et celle d'*Immadras* ou anse du cap Morgiou sur une côte aride, qui ne peuvent trouver place dans ces deux itinéraires terrestres, sont précisément celles où la route moderne ne passe pas, et qui dans tous les temps ont dû être des positions purement maritimes.

Itinéraire maritime. Wesseling, page 507.

	Milles romains.
A Massilia Græcorum Incaro positio...................	12
Ab Incaro Dilis positio............................	8
A Dilis fossis Marianis...........................	12

Trois manuscrits de l'Itinéraire (4806-4808 7230 A) portent XII; cependant la leçon de XX que contient l'édition de Wesseling n'est pas une erreur : elle provient d'un itinéraire où la position de Dilis n'était pas marquée, et elle marque la distance d'*Incaro* à *Fossis*.

A Fossis ad gradum Massilitanorum fluvius Rhodanus.....	16
A gradu per fluvium Rhodanum Arelatum..............	30
	78

	Milles romains.	Milles romains.
Premier itinéraire.		
De Toulon aux ruines de Taurenti (par la route moderne).	14½	
De Taurenti à Cassis (par la route moderne).	9½	
Deuxième itinéraire terrestre.		
. . . . *De Toulon à Ceireste (par la route).*		18
. . . . *De Ceireste à Cassis (par la route moderne).*		6
. . . . *De Cassis à Marseille (par la route moderne).*		12
De Cassis à Marseille (par la route moderne).	12	
	36	36

	Milles romains.
Cartes modernes.	
De Marseille à Carry (en suivant la côte, mais sans la serrer de trop près).	12

Il y a 10,000 toises ou près de 13,000 en allant droit ; il y a moins que 12 milles romains en suivant la côte de très près, et, en tenant compte de toutes les sinuosités, il y a 11,401 toises ou 15 milles romains. La mesure ancienne est le terme moyen de toutes ces mesures.

De Carry à Carro.	8

Ce nom moderne tire évidemment son origine des itinéraires maritimes ou portulans anciens, d'où le mot *dilis* était retranché.

De Carro à Foz–lès–Martigues (en suivant la côte de très près).	12
De Foz-lès-Martigues à l'ancienne embouchure du Rhône ou Vieux-Rhône.	16
Du Vieux-Rhône à Arles (en remontant le Rhône).	30
	78

241. *Analyse géographique de la portion de l'itinéraire maritime entre* ALBINGAUNUM (*Albinga*) *et* PORTUS MONÆCI (*Monaco*), *selon l'édition de Wesseling.*

La distance la plus prochaine pour *Hercolianicus Portus* nous conduit, ainsi qu'on l'a vu, à l'ouest de Turbie, à deux ou trois minutes géographiques de Monaco ; et sous ce rapport, on ne peut guère douter que cette position ne soit le *Portus Herculis* de Ptolémée, que ce géographe distingue du *Portus Monœci.* Nous avons retrouvé, par le moyen des variantes puisées dans les manuscrits, les mesures exactes pour les distances intermédiaires ; mais ceux qui donnent les mêmes leçons ou les mêmes chiffres que l'édition de Wesseling, et qui portent *Herclemanico* au lieu d'*Herculiano*, paraissent avoir eu en vue l'*Hercule Monœci portus* ; du moins l'ensemble de leur mesure depuis Albengo porte juste à Monaco, mais toutes les mesures intermédiaires sont fautives.

Itinerarium maritimum. Wess., p. 5o3.	Milles romains.	Cartes modernes.	Milles romains.
Ab Abingauno Portum Maurici [1] Tavia fluvius................	25	D'Albinga au fleuve Taggia.....	26¼
A Vintimilio Plagia...............	12	Du fleuve Taggia à Vintimille (en ne serrant pas trop la côte)...	13½
A Vintimilio Hercule Monæci portus................... .	16	De Vintimille à Monaco........	13
	53		53

On voit que l'ensemble de cette mesure est pour les deux extrêmes d'une admirable exactitude, et les positions intermédiaires, excepté la dernière, offrent aussi une précision suffisante. Le rédacteur avait peut-être la mesure totale entre *Albingauno* et *Portus Monœci* comme elle est dans Strabon. Trouvant une mesure de 16 entre *Albintimillo* et *Portus Herculis*, il aura confondu ce dernier avec *Hercle Monœci arcem*, et il aura retranché de chacune des deux positions antérieures ce qu'il fallait pour rendre son nombre exact.

[1] Il est évident que *Portum Mauricii* est ici mentionné parce qu'il se trouvait sur le passage.

242. *Analyse géographique de la portion de l'itinéraire maritime entre* Forum Julii (*Fréjus*) *et* Telone Martio (*Toulon*), *rétabli d'après deux variantes de l'itinéraire.*

En prenant pour cette ligne a *Foro Julii sinus Sembracitanus* la variante du Ms. 4806, qui marque xv, et pour la ligne ab *Heraclia Caccabaria Alconis* la variante du Ms. 4126 (*Codex Colbertinus olim,* 3120 et 3896), qui marque xxii, cette portion de l'Itinéraire maritime se trouve rétablie de la manière suivante :

Itinéraire maritime.	Milles romains.	Cartes modernes.	Milles romains.
A Foro Julii sinus Sambracitanus plagia.	xv	De Fréjus à S.-Tropez. . . . Dans cette mesure on suit exactement la côte jusqu'à Gerre-Vieille, dans le golfe, et de là on se dirige droit à S.-Tropez.	15
A sinu Sambracitano Heraclia Caccabaria Porbaria portus.	xvi	De S.-Tropez à la plage de Briande-Tour, et écueils de Camarat. . . . . Près de la tour de Camarat est la plage de l'Esquaret, un peu plus au sud, le cap de Porte et les écueils de Porte. Tous ces noms conservent évidemment des restes des anciennes dénominations. Il faut suivre la côte.	16
Ab Heraclia Caccabaria Alconis.	xxii	De la plage d'Esquaret-Camarat, Briande-Porte, à la plage du Gaz et du Magazin, vis-à-vis l'île et Roc de la Fournique. . . . . . . On suit bien exactement la côte. Les mesures sont ici la seule indication dans tout le trajet : sauf un seul nom qui rappelle l'ancien.	22
Ab Alconis Pomponianis portus.	xxx	De la plage du Gaz et du Magazin au lieu nommé le Port (presqu'île de Gien).	30
A Pomponianis Telone Martio portus.	xviii	Du port de Gien, dans la presqu'île de Gien, à Toulon.	18
	101	Il faut suivre exactement les côtes. La leçon de xv milles conduit aussi à Toulon ; mais il faut serrer les côtes de moins près. La variante xii du Ms. 4126 conduit en ligne droite au passage de Goulet ou à l'entrée de la petite rade.	101

ANALYSE GÉOGRAPHIQUE

DES ITINÉRAIRES

DES COTES OCCIDENTALES,

SEPTENTRIONALES ET MÉRIDIONALES

DE LA GAULE,

SELON PTOLÉMÉE, EXPLIQUÉ PAR M. GOSSELLIN.

§. I. ITINÉRAIRES DES COTES OCCIDENTALES ET SEPTENTRIONALES DE LA GAULE.

243. *Itinéraire de la côte occidentale de la Gaule, depuis* ÆASO PROMONTORIUM (*cap Machichaco des Pyrénées*) *jusqu'à* GOBÆUM PROMONTORIUM (*cap de Gob-Estan*).

Positions anciennes, selon Ptolémée.	Stades de 5oo.	Positions modernes correspondantes.	Stades de 5oo.
Æaso promont. Pyrenæi.......	0	Cap Machichaco des Pyrénées..	0
Æaso civitas................	304	Héa..........	92
Aturius fluvius.............	681	Adour, fleuve...............	650
Sigmanus fluvius............	989	Rivière de Mimisan.....	982
Curianum promont	1,378	Cap Féret ou d'Arcachon.	1,379
Garumna fluvius.	1,850	Embouchure de la Garonne....	1,851
Santouum portus............	2,269	La Rochelle................	2,276
Sautonum promont..........	2,519	Pointe de l'Aiguillon.	2,527
Canentellus fluvius.......	2,910	Embouchure des rivières de Vie et de Jaunay.............	2,934
Pictonium promont.	3,071	Pointe de Boisvinet..........	3,065
Secor Portus...............	3,307	Pornic....................	3,285
Liger fluvius...............	3,449	Embouchure de la Loire......	3,443
Brivates portus........... ..	3,574	Brivain...................	3,543
Herius fluvius..............	3,940	Rivière d'Aurai.............	3,938
Vindana portus.	4,229	Anse de Kerguelin...........	4,237
Gobæum promont............	4,730	Cap de Gob-Estan...........	4,763

*** 244.** *Premier itinéraire de la côte septentrionale de la Gaule, entre* SEQUANA (*la Seine*) *et* GOBÆUM PROMONTORIUM (*le cap Gob-Estan*) [1].

Positions anciennes, selon les tables grecques de Ptolémée.	Stades de 5oo.	Positions mordernes correspondantes.	Stades de 5oo.
Sequana fluvius.............	0	Embouchure de la Seine à Villerville...................	0
Neomagus	260	Neuville, près de Port-en-Bessin.	309
Olina fluvius.........	572	Embouchure de la Saire (les Aulnais)................	585
Crociatonorum portus.........	907	Baie d'Ecalgrain.............	905
Argen.....................	1,250	Agou, près Coutances (confondu avec Agau, près S.-Brieuc)..	1,281
Tetus fluvius...............	1,530	Rivière de Tréguier..........	1,552
Staliocanus portus...........	1,865	Rivière de Morlaix..........	1,903
Gobæum promontor.........	2,425	Cap de S.-Mathieu (confondu avec le cap de Gob-Estan)...	2,473

*** 244.** *Deuxième itinéraire des côtes septentrionales de la Gaule, entre* SEQUANA (*la Seine*) *et* GOBÆUM PROMONTORIUM (*le cap Gob-Estan*) [2].

Positions anciennes, selon les tables latines de Ptolémée.	Stades de 5oo.	Positions modernes correspondantes.	Stades de 5oo.
Sequana fluvius.............	0	Embouchure de la Seine à Villerville................	0
Neomagus.................	687	Néville, près de Barfleur......	676
Olina fluvius...............	999	Rivière de Ste-Croix (cap aux Hélènes).................	977
Crociatonorum portus........	1,088	Port de Barneville, près de Croville.................	1,100
Argen fluvius..............	1,461	Argennes, près d'Avranches (confondu avec Agan, près de S.-Brieuc.................	1,500
Tetus fluvius...............	1,741	Rivière de Tréguier.........	1,772
Staliocanus portus..........	2,135	Rivière de Morlaix.........	2,123
Gobæum promontor..........	2,694	Cap de S.-Mathieu (confondu avec le cap de Gob-Estan)...	2,692

[1] Cet itinéraire et le suivant sont suivant nous faussés, parce que M. Gossellin n'a pas pu trouver la véritable cause du dérangement que Ptolémée a fait subir aux itinéraires primitifs pour dresser cette partie de sa carte.

[2] Voyez la note sur l'itinéraire précédent.

245. *Itinéraire de la côte septentrionale de la Gaule, entre* Sequana fluvius (*la Seine*) *et* Mosa fluvius (*la Meuse*).

Positions anciennes, selon Ptolémée.	Stades de 5oo.	Positions modernes correspondantes.	Stades de 6oo.
Sequana fluvius............	0	Embouchure de la Seine à Viller-ville...................	0
Phrudis fluvius	817	La Somme (Troise)..........	836
Itium promontorium.........	1,408	Cap Blanc-Nez.............	1,381
Gæsoriacum Navale..........	1,708	....	....
Tabuda fluvius.............	2,008	Ancienne embouchure de l'Escaut....................	2,039
Mosa fluvius..	2,483	La Meuse.................	2,522

---

246. *Itinéraire de la côte septentrionale de la Gaule et de la Germanie, depuis* Gesoriacum Navale (*Boulogne*) *jusqu'à* Albis (*l'Elbe*).

Positions anciennes, selon Ptolémée.	Stades de 6oo.	Positions modernes correspondantes.	Stades de 6oo.
Gesoriacum Navale...........	0	Boulogne.................	0
Tabuda fluvius.............	300	(Aas, rivière de Gravelines)....	318
Mosa fluvius.....	774	(Ancienne embouchure de l'Escaut)....................	807
Lugdunum.....	1,508	Leyde, à Katwick...........	1,490
Rheni ostium occident........	1,608	Le Rhin, près de Zandwoord...	1,600
Medium fluvii ostium.	1,737	Embouchure du canal de Bakkum.	1,730
Orientale fluv. ostium........	2,316	Passage de Vlie............	2,320
Manarmanis portus..........	2,576	Sur la côte nord d'Améland....	2,570
Vidrus fluvius.............	2,865	Embouchure de la Hunnes.....	2,880
Amasius fluvius............	3,285	Embouchure de l'Ems........	3,300
Visurgis fluvius.............	4,095	Embouchure du Veser........	4,100
Albis fluvius..............	4,595	Embouchure de l'Elbe........	4,480

Pour les preuves et les développemens de ce travail sur les côtes occidentales et septentrionales de la Gaule, je renvoie à l'ouvrage de M. Gossellin, intitulé *Recherches sur la Géographie systématique et positive des Anciens,* t. IV, p. 59 à 152, et p. 157 à 159.

---

§. II. ITINÉRAIRES DES CÔTES MÉRIDIONALES DE LA GAULE [1].

247. *Itinéraire des côtes méridionales de la Gaule, entre* TEMPLUM VENERIS (*cap de Creuz*) *et* MASSILIA (*Marseille*).

Positions anciennes, selon Ptolémée.	Distances en degrés de 666 ⅔ stades.	Positions modernes correspondantes.	Minutes.
Templum Veneris	0. 0	Cap de Creuz	0. 0
Illiberis fluvius	28.19	Le Tech, rivière	28.31
Ruscino fluvius	38. 7	Tet, rivière	37. 2
Atax fluvius	47. 7	Ancienne embouchure de l'Au-de, à Leucate	47.34
Orobius fluvius	56. 7	Grau de la Vieille-Nouvelle (Aude)	57.46
Araurius fluvius	65.56	Grau de Pissevaques (Aude)	67.15
Agathapolis	74.56	Agde (confondu avec l'embou-chure de l'Eraut)	78.56
Setius Mons	92.26	Montagne de Cette	92.37
Fossæ Marinæ	104. 8	Grau et étang de Maguelone	103.21
Rhodani. Ost. Occident	112. 7	Le Rhône, aux étangs d'Aigues-Mortes	112.50
Rhodani. Ost. Orient	121.45	Le Rhône-Mort	120.55
Maritima Colonia	145. 7	A l'embouchure du vieux Rhône	141.27
Cœnus fluvius	154. 8	Canal et étang de Ligagnan	152.11
Massilia	181.26	Marseille	179.33

248. *Itinéraire des côtes méridionales de la Gaule, entre* MASSILIA (*Marseille*) *et* ANTIPOLIS (*Antibes*).

Positions anciennes, selon Ptolémée.	En degrés de 666 ⅔ stades.	Positions modernes correspondantes.	Minutes.
Massilia	0. 0	Marseille	0. 0
Tauroentium	22. 0	Tarente, dans le golfe de la Ciotat	23. 9
Citharistos promont	43.30	Cap Cepet, à l'entrée de la grande rade de Toulon	43. 9
Olibia civitas	65.30	S.-Vincent de Carquairanne	63.40
Argentius fluvius	81.30	Rivière et plage de l'Argentière	81. 2
Forum Julium	121.30	Fréjus à l'ancien port	123. 8
Antipolis	149.55	Antibes	149.59

249. *Iles et caps des côtes méridionales de la Gaule.*

Positions anciennes selon Ptolémée.	Positions modernes correspondantes.
Agatha insula	Cap d'Agde, réuni au continent
Blascon insula	Ile Brescou ou Brescon
Stocchades ins. quinque	Iles d'Hières
Loerone insula	Ile de Lérins ou de Ste-Marguerite

[1] Ce travail de M. Gossellin, sur les côtes méridionales de la Gaule, n'a jamais été imprimé, et a été exécuté à ma prière pour ma Géographie ancienne des Gaules, que l'ingénieux auteur de la Géographie des Grecs analysée avait bien voulu lire en manuscrit, et qui avait obtenu son suffrage.

EXPLICATION

DES

ITINERAIRES DES CÔTES MÉRIDIONALES

DE LA GAULE.

§. I. DU CAP CREUZ A MARSEILLE.

Du *Templum Veneris,* où Ptolémée fait commencer les rivages méridionaux de la Gaule jusqu'à *Antipolis,* où il les termine , ses tables font compter pour la distance littorale 391′,50″. Sur la carte moderne, on trouve, en suivant les côtes, depuis le cap de Creuz, où était le Temple de Vénus Pyrénéenne, jusqu'à Antibes 329′,32″ : et quel que soit le stade que l'on emploie, les positions anciennes ne s'accorderont point dans toute cette longueur avec l'état actuel des lieux.

Mais si l'on fait attention qu'en suivant les côtes sur la carte moderne, Marseille se trouve à très peu près à mi-chemin du cap de Creuz à Antibes, tandis que sur la carte ancienne Marseille est presqu'aux deux tiers de la distance qui sépare le Temple de Vénus d'*Antipolis,* on reconnaîtra que les mesures qui composent cet intervalle n'ont pas été prises avec un même module, et que l'auteur de la carte ancienne a fait quelque confusion en employant les mesures qui lui étaient données.

Pour rétablir ces mesures dans leur intégrité, je divise l'itiné-raire en deux parties : l'une depuis le *Templum Veneris* jusqu'à *Massilia,* l'autre depuis *Massilia* jusqu'à *Antipolis.*

Du Temple de Vénus à Marseille, la carte de Ptolémée fournit 241′,55″, et la carte moderne 179′,33″ seulement : et comme ces sommes sont entre elles dans la même proportion que le stade de 666 $\frac{1}{1}$ est au stade de 500, j'en conclus que les mesures de cette côte avaient été prises avec le premier de ces stades, et que l'auteur de la carte ancienne a employé ces mesures comme si elles eussent été données en stades de 500 au degré. C'est la cause pour laquelle sa graduation prend plus d'espace qu'elle n'aurait dû en avoir.

De Marseille à *Antipolis* la carte ancienne donne 149′,55″ d'intervalle ; en suivant les sinuosités, je trouve 149′,59″ sur la carte moderne, pour la distance de Marseille à Antibes : ainsi, il n'y a pas d'erreur sur les mesures dans cette partie de la carte.

Les mesures du premier itinéraire étant réduites dans la proportion que j'ai indiquée, je pars du cap Creuz ; je touche au port de Llanza, à Bagnoles de Mirande, au port Vendres, à Coulioure et à l'embouchure de la rivière de Massane, qui passe à Argelles, et qui se perd dans l'angle que forme la côte à 2,000 toises au sud du Tech. Jusqu'à la Massane, la côte est sinueuse et montueuse ; au delà, elle est sablonneuse et plate. Je viens à l'embouchure du Tech, et je compte depuis le cap de

Creuz. . . . . 27,100ᵗ   28°31′21″

De l'embouchure du Tech, je suis une côte unie, sablonneuse et étroite, qui sépare de la mer un terrein marécageux, dans lequel est l'étang de Saint-Nazaire et un autre plus petit. J'arrive à l'embouchure du Tet, qui passe à Perpignan, et je compte depuis le Tech. . . . .   8,100ᵗ   8°31′31″

Perpignan est à 6,500 toises en ligne droite de l'embouchure du Tet. Sur cette rivière, à 4,200 toises de son embouchure, est un ancien château fort, nommé Castel-Roussillon. C'est ce lieu qui a donné le nom de Roussillon à la province, et qui paraît avoir été le *Ruscinon* de Ptolémée, d'où la rivière a été appelée *Ruscino*.

A 18,500 toises de l'embouchure du Tet est une petite ville, appelée Ille, dont le nom a beaucoup d'analogie avec celui d'*Illiberis* de Ptolémée, mais la ville ne serait pas sur le fleuve de ce nom. Elle peut avoir donné lieu à quelques méprises. Mercator, au dos de sa carte, prend Ille pour *Illiberis*.

35,200ᵗ   37° 2′52″

Du cap de Creuz à l'embouchure du Tet . 35,200ᵗ   37° 2′52″

Du *Ruscino* à l'embouchure de l'*Atax,* les
mesures réduites de Ptolémée sont de 9 ou environ 8,550 toises. En partant de l'embouchure du Tet, et en comptant 9 à 10,000 toises
le long du rivage, on parvient à la hauteur
d'un lieu nommé Leucade, situé sur l'étang
du même nom, à 1,100 toises de la mer.... 10,000ᵗ   10°31′ 2″

C'est donc vers ce point qu'a dû se trouver
l'ancienne embouchure de l'*Atax* ou du bras
de l'Aude qui passe à Narbonne.

Il faut observer que toute cette côte, depuis
les environs du Tech jusque vers Narbonne,
est très marécageuse et remplie d'étangs qui se
succèdent dans la direction du midi au nord,
a peu près comme ceux qui existent entre
Bayonne et Bordeaux, sur la côte de l'Océan.
Ce terrein noyé s'étend même, et sans beaucoup
d'interruption, jusqu'au delà des bouches du
Rhône; et les eaux de ces étangs s'écoulent
dans la mer par des ouvertures nommées graux,
qui s'obstruent quelquefois par les sables qui
s'y accumulent.

L'Aude, à 4,000 toises au-dessus de Narbonne, se divise en deux bras. Celui qui passe
par cette ville, et qui est l'*Atax* des anciens,
se jette maintenant dans l'étang de Sigean, en
traversant une grande partie de sa longueur,
sur une langue de terre basse ét étroite. A
l'extrémité sud de cet étang est le grau de la
nouvelle, par où ses eaux s'écoulent dans la
Méditerranée.

Mais près de ce grau on trouve les vestiges
du canal par où l'Aude continuait autrefois
son cours pour se rendre dans l'étang de la
Palme. Ce canal, qui bordait le rivage de la
mer à environ 300 toises de distance, est long
de 2,100 toises, et vient aboutir au point le

45;200ᵗ   47°33′54″

Du cap de Creuz à l'ancien grau de
Leucade...................... 45,200ᵗ   47°33′54″

plus septentrional de l'étang de la Palme. Cet
étang, au midi, n'est lui-même séparé d'un
autre plus petit que par un espace sablonneux
de 3 à 400 toises, et ce dernier verse ses eaux
dans l'étang de Leucade.

L'étang de Leucade, à la hauteur du lieu
de ce nom, n'est séparé de la mer que par une
bande de sable unie, très basse et en partie
noyée ; elle n'a pas plus de 150 toises de large :
dans le siècle dernier, elle était encore traver-
sée par un canal ou grau, que les sables obstruent maintenant, et qui formait l'entrée septentrionale de l'étang de Leucade. D'après les
mesures anciennes, cette entrée a dû être autrefois l'embouchure de l'Aude ou *Atax* par laquelle les vaisseaux remontaient la mer jusqu'à
Narbonne, en passant au pied de la colline de
Leucade. Si le lieu ou la colline de ce nom
avait été autrefois comme aujourd'hui relégué
dans l'intérieur d'un étang, et sans communi-
cation avec la Méditerranée, il serait resté inconnu aux anciens, et Méla n'en aurait pas
parlé.

De cette ancienne embouchure de l'*Atax* à
Agathapolis, les mesures réduites de la carte
de Ptolémée font compter 27′,49″, et la carte
moderne en fournit 31′,21″,39‴ pour arriver
à l'embouchure de l'Éraut, à 1,600 toises de
laquelle Agde est située. Ainsi l'ensemble des
mesures est assez juste, et l'on voit que, par
suite des méprises précédentes, l'embouchure
de l'Éraut est prise ici pour *Agathapolis*.

Mais comme dans cet intervalle Ptolémée
indique deux fleuves, l'*Orobius*, qui conserve
le nom d'Orob, et qui passe à Béziers ; ensuite
l'*Araurius*, maintenant l'Éraut, qui baigne
les murs d'Agde, les mesures partielles ne ré-
pondant pas aux embouchures de ces fleuves,

Du cap de Creuz à l'ancien grau de
Leucade......................... 45,200^t 47°33′54″

il faut que l'auteur de la carte ancienne, trompé
par les indications incertaines des navigateurs,
ait confondu les embouchures de ces deux
fleuves avec quelques uns des canaux qui communiquent de la mer dans les étangs dont j'ai
parlé. Il existe entre Leucade et l'Éraut douze
de ces ouvertures ou graux ; et l'on voit d'après
les mesures anciennes que le grau de la Vieille-
Nouvelle, qui sert d'écoulement à l'étang de
Gruissan, est donné par Ptolémée pour l'embouchure de l'*Orobius,* et qui assigne pour celle
de l'*Araurius* le grau de Pissevaques, qui donne
entrée à l'étang de Fleury, et qui communique
avec l'embouchure actuelle de l'Aude. Ces méprises sont cause que dans la carte ancienne
Agathapolis ou Agde et *Bœtire* ou Béziers se
trouvent éloignées des fleuves dont nous parlons, tandis que ces villes sont situées sur
leurs bords.

Je compte de l'ancien grau de Leucade au
grau de la Vieille-Nouvelle. .... 9,700^t 10°12′32″

Du grau de la Vieille-Nouvelle au grau de
Pissevaques........................... 9,000^t 9°28′20″

Du grau de Pissevaques à l'embouchure de
l'Éraut, que Ptolémée confond avec la position d'*Agathapolis,* parce qu'il avait placé
l'Éraut au grau de Pissevaques............ 11,100^t 11°40′57″

De l'embouchure de l'Éraut au port de
Cette, situé dans une péninsule et au pied de
la montagne de ce nom, je compte......... 13,000^t 13°40′56″

De la montagne de Cette au grau de Maguelone je trouve. .... 10,200^t 10°44′ 7″

Le grau de Maguelonne est l'entrée des
vastes étangs ou lagunes qui se prolongent
vers le sud-ouest jusque près d'Agde, et vers
le nord-est jusque près d'Aigues-Mortes et
de Lunel.

____

98,200^t 103°20′46″

<table>
<tr><td>Du cap de Creuz au grau de Mague-
lone. . . . .</td><td>98,200^t 103°20′46″</td></tr>
</table>

Cette entrée, d'après les mesures anciennes, me paraît être les *Fossæ Marianæ* que
Ptolémée place entre le *Setius Mons* et
l'embouchure occidentale du Rhône. Tous
les autres géographes indiquent le *Fossæ
Marianæ* à l'est du Rhône, entre ce fleuve
et Marseille, et il paraît impossible de les
chercher au grau de Maguelone. Je crois que
le texte de Ptolémée a subi dans cet en-
droit une légère altération, et qu'il faut
lire, comme portent l'édition de 1475,
Fossæ Marinæ. Cette dénomination vague,
qui indiquait seulement l'entrée des lagunes,
aura été changée par des copistes en celui de
Fossæ Marianæ, d'après les auteurs qui ont
parlé des travaux que Marius avait fait faire
au Rhône, et dont on voit encore les traces
dans l'étang de Galejon, comme je le dirai
dans la suite.

Du grau de Maguelone, les mesures indiquent
l'embouchure occidentale du Rhône à l'ancienne embouchure, maintenant obstruée, de
l'étang de Repausset. Cette embouchure forme
encore un canal qui, en traversant cet étang,
communique à Aigues-Mortes, située au milieu des vastes marais et des nombreuses lagunes que l'ancien passage du Rhône et ses
inondations ont laissés dans tout ce terrein.
Une partie des eaux du fleuve le traverse encore, quoique son lit principal se soit porté
plus à l'orient.

Le bras du Rhône qui passait à Aigues-
Mortes sort du fleuve à 7 ou 800 toises au-dessus
d'Arles, on l'appelle le Petit-Rhône. La disposition du terrein semble annoncer que ja-
dis cette branche du fleuve est venue former
la longue suite des étangs de Mauguio, de
Perols, de Maguelone et de Thau, pour se je-

Du cap de Creuz au grau de Mague-
lone........................... 98,200ᵗ 103°20′46″

ter dans la Méditerranée, à peu de distance
du cap d'Agde. Mais dans les premiers siècles de l'ère chrétienne son embouchure occidentale se trouvait, d'après les mesures anciennes, à l'extrmité septentrionale et occidentale de l'étang de Repausset, éloignée du
grau de Maguelone de.................. 9,000ᵗ   9°28′20″

De l'ancienne embouchure de l'étang de
Repausset à l'ancienne embouchure du Rhône-
Mort, près de la Martelière et de la redoute
de Terre-Neuve, il y a................ 7,700ᵗ 8° 6′15″

Cette longue lisière de sable, qui sépare
de la mer les lagunes dont j'ai parlé, et qui
souvent n'a que 2 ou 300 toises de large, est
couverte de dunes depuis le grau de Maguelonne jusqu'à l'ancienne embouchure du
Rhône-Mort. Après ce point, ce ne sont plus
que des sables noyés, accumulés par les eaux,
et dont quelques parties deviennent habita-
bles, comme l'indique le nom de Redoute de
Terre-Neuve.

Le Rhône-Mort est l'ancienne embouchure
du Petit-Rhône, qui vient des environs d'Ales.
A environ 700 toises de la mer, il a laissé
son ancien lit à sec pour se porter plus à l'o-
rient ; et l'on a été obligé de creuser un canal
pour détourner une partie des eaux qui suivent cette nouvelle route, afin de les ramener
dans leur ancien lit.

Du Rhône-Mort à l'embouchure du Vieux-
Rhône il y a........................ 19,500ᵗ 20°31′23″

Cette embouchure du Vieux-Rhône se déta-
che du lit principal de ce fleuve, à 5 ou 600
toises de la mer, où il se jette maintenant, et
à l'ouest de sa nouvelle embouchure. On suit
dans les sables et dans les marais l'ancien lit

____

134,400ᵗ 141°26′44″

Du cap de Creuz à l'embouchure de
l'étang de Galéjon . . . .   134,400ᵗ 141°26′44″

qu'il s'était creusé, et dans lequel il ne coule
plus maintenant qu'un filet d'eau.

L'espèce de *delta* compris entre la branche principale du Rhône et le bras nommé le
Petit-Rhône est ce qu'on appelle l'île de la
Camargue, toute couverte de marais, à tra-
vers lesquels on suit encore d'anciennes traces du cours du fleuve, qui a changé de lit
plusieurs fois. La moitié de cette île, qui avoi-
sine la mer, est couverte de vastes étangs et de
lagunes : c'est un sable noyé.

Le lit du Vieux-Rhône s'appelle aussi canal du Japon. De son embouchure à l'embou-
chure de l'étang de Galéjon il y a . . . .   10,200ᵗ 10°44′ 7″

L'étang de Galéjon et celui de Ligagnou
forment une lagune droite de 9,000 toises de
long sur 600 à 1,200 de large. Cette lagune
ressemble aux vestiges d'un vaste canal creusé
de mains d'hommes. Elle reçoit à son extrémité nord les eaux de deux petits canaux qui
viennent d'au delà d'Arles, et qui longent le
cours du Rhône. Ces étangs sont, je crois,
les *Fossæ Marianæ*.

De l'embouchure de l'étang de Galéjon à
Marseille je compte . . . .   26,000ᵗ 27°21′53″
                                                        —————————————
                                                        170,600ᵗ 179°32′44″

A 2,500 toises de l'embouchure de l'étang de Galéjon on trouve
Fos-lès-Martigues, qui rappelle les *Fossæ Marianæ;* et à 2,500
toises de Fos l'embouchure de l'étang de Berre, où sont les Mar-
tigues. Ensuite la côte est montueuse jusqu'à Marseille.

Vis-à-vis et au midi du *Setius Mons,* Ptolémée place deux îles :
Agatha, dans laquelle il indique une ville du même nom, et l'île
Blascon.

On ne connaît point d'îles en avant du port de Cette, mais
comme Ptolémée met 20 minutes de distance entre le *Setius Mons*
et l'île *Agatha,* et que ces 20 minutes, réduites comme les autres
distances de cet itinéraire, n'en représentent que 15, l'île *Agatha*

ne peut se rapporter qu'aux collines qui forment le cap d'Agde, situé à 11,000 toises ou 11′,34″.38‴ du port de Cette. Le cap d'Agde paraît avoir été séparé autrefois du continent; les étangs de Luno, d'Embourres, et les marais qui l'environnent du côté de la terre ferme, sont des vestiges du séjour de la mer.

A 500 toises du cap d'Agde est un rocher entouré par la mer; il conserve le nom de Brescou ou Brescon, ainsi que le fort qu'on a bâti dessus. Le nom de ce rocher rappelle celui de l'île *Blascon*, dont parle Ptolémée, quoique le texte de cet auteur l'indique comme étant à mi-chemin du *Setius Mons* à *Agatha*.

---

§. II. DE MARSEILLE A ANTIBES.

J'ai dit que les mesures de la carte de Ptolémée entre Marseille et Antibes étaient justes, et n'avaient besoin d'aucune réduction.

De l'entrée du port de Marseille je suis le rivage, qui est très sinueux; j'évite les petites sinuosités, et je viens à Tarente, ancienne ville ruinée, sur la côte orientale du golfe de Lèques, et vis-à-vis la Ciotat. Je compte depuis Marseille. . . . . 22,000ᵗ   23° 9′17″

De Tarente, le rivage continue d'être sinueux, je le suis, et j'arrive au cap Cépet, à l'entrée de la grande rade de Toulon. . . . . . . 19,000ᵗ   19°59′49″

Du cap Cépet, j'entre dans la grande rade de Toulon, j'en suis toutes les sinuosités, telles que le creux Saint-Georges, la plage du Lazaret; j'entre dans la petite rade, j'en fais le tour, et en suivant toujours le rivage, je viens à Saint-Vincent de Carquairanne, gros village au midi et un peu à l'ouest d'Hières. Depuis le cap Cépet je compte. . . . . 19,500ᵗ   20°31′23″

La variante du texte grec porterait *Olbia* au château de Giens, situé au milieu de la côte méridionale de la presqu'île de Giens, qui est vis-à-vis Hières.

De Saint-Vincent, je longe la presqu'île de Giens, j'en suis les contours, et je viens à

60,500ᵗ   63°40′29″

De Marseille à Saint-Vincent......   60,500ᵗ   63°40′29″

la plage de l'Argentière, où se jette la rivière
du même nom. Cette plage et cette rivière
sont à l'extrémité orientale des salines d'Hiè-
res (Salines). De Saint-Vincent à l'Argentière.   16,500ᵗ   17°21′57″

De la rivière d'Argentière, je suis la côte,
qui est sinueuse, et je viens au fanal de l'ancien port de Fréjus, près de l'embouchure du
Reyran, rivière. Fréjus est à 900 toises de la
mer. De l'embouchure du Reyran à l'embouchure de la rivière Argentière, il y a 1,300
toises. De l'Argentière au fanal précédent...   40,000ᵗ   42° 5′58″

Du fanal de Fréjus à Antibes, je suis les
sinuosités de la côte, et je trouve..........   25,500ᵗ   26°50′18″
                                              ——————   ——————
                                              142,500ᵗ 149°58′42″

Dans ce trajet, Ptolémée place :

Les cinq îles *Stœchades*, qu'il dit être vis-à-vis le promontoire
Citharestes, et qui ne peuvent représenter que les îles d'Hières.

Lerone Insula, qu'il dit être vis-à-vis le Var. Cette île doit
répondre à la plus grande des îles de Lérins, connue sous le nom
de Sainte-Marguerite.

D'Antibes au Var, il y a 6,500 toises.

FIN DES ITINÉRAIRES.

TABLE ANALYTIQUE

DES MATIÈRES

CONTENUES

DANS LE TOME PREMIER.

DEUXIÈME PARTIE.

DEPUIS L'INVASION DE LA GAULE TRANSALPINE ET L'ENTIÈRE
CONQUÊTE DE CETTE CONTRÉE PAR JULES CÉSAR JUSQU'A LA
SOUMISSION DES PEUPLES DES ALPES SOUS AUGUSTE.

Chapitre premier. Du progrès des connaissances géographiques dans les temps anciens relativement aux Gaules trans-

FIN DE LA TABLE DU TOME PREMIER.

TABLE ANALYTIQUE

DES MATIÈRES

CONTENUES

DANS LE TOME SECOND.

DEUXIÈME PARTIE.

(SUITE.)

III.   19

TROISIÈME PARTIE.

DEPUIS LA FIN DU RÈGNE D'AUGUSTE, OU L'ENTIÈRE CONQUÊTE
DE LA GAULE TRANSALPINE ET LA SOUMISSION DES PEUPLES
DES ALPES, JUSQU'A LA CHUTE DE L'EMPIRE D'OCCIDENT.

FIN DE LA TABLE DU TOME SECOND.

TABLE ANALYTIQUE

DES MATIÈRES

CONTENUES

DANS LE TOME TROISIÈME.

FIN DE LA TABLE DU TOME TROISIÈME ET DERNIER.

Atlas manquant

TABLE DES CARTES

L'ATLAS DE LA GÉOGRAPHIE

HISTORIQUE ET COMPARÉE

DES GAULES CISALPINE ET TRANSALPINE.

PLANCHE PREMIÈRE.

Avant l'arrivée des Étrusques et des colonies grecques en Italie, 1300 ans avant J.-C.

PLANCHE II.

Premier Empire des Rhasenæ ou Tyrrhéniens, antérieurement à leurs conquêtes au nord des Apennins.

PLANCHE III.

Deuxième Empire des Étrusques, à l'époque de la plus grande extension de ce peuple. — Arrivée des premières colonies grecques dans le nord de l'Italie, antérieurement à l'an 600 avant J.-C., ou à la fondation de Marseille.

PLANCHE IV.

Premières conquêtes des Gaulois en Italie, et premier établissement de ces peuples au nord du Pô, sur le territo're des Tyrrhéniens, dans le viie siècle avant J.-C.

PLANCHE V.

Deuxième, troisième et quatrième expédition des Gaulois au delà des Alpes et du Rhin, depuis l'an 600 avant J.-C. jusqu'à l'an 478 avant J.-C. — Limites des peuples à cette époque dans les deux Gaules.

PLANCHE VI.

Cinquième expédition des Gaulois en Italie, et leur établissement au midi du Pô.

PLANCHE VII.

Sixième expédition des Gaulois. — Limites de la confédération gauloise dans la Cisalpine, dans sa plus grande extension, immédiatement avant la prise de Rome, de 350 à 390 ans avant J.-C.

PLANCHE VIII.

Ora Maritima de Festus Avienus, montrant les premières notions des Grecs de Marseille vers les sources du Rhône, et leurs établissemens sur les côtes de la Gaule, entre les Pyrénées et Marseille.

PLANCHE IX.

Carte des Itinéraires anciens dans les Gaules cisalpine et transalpine, dressée d'après l'analyse géographique de M. Walckenaer.

FIN DE LA TABLE DES CARTES.

ERRATA

AVEC CORRECTIONS ET ADDITIONS.

TOME I.

Page 9, ligne 7, *Maestra,* lisez : *Maestro.*

Pages 60, 130, 250, *Vertacomiri,* lisez : *Vertacomicori.*

Pages 61 et 62, *Sculteri,* lisez : *Suelteri.*

Page 70, ligne 14, *Vertaconieri,* lisez : *Vertacomicori.*

Page 82, ligne 12, *Duro-Catalonum,* lisez : *Cabillonum.*

Page 145, ligne 1, non ceux, *lisez :* non de ceux.

Page 213, ligne dernière en note, éditeur, *lisez :* éditions.

Page 223, ligne 14, Val de Vice, *lisez :* Val de Viù.

Page 225, ligne 1, graphie de, *effacez ces mots.*

Page 234, ligne 10, *ajoutez à la note 2 au bas de la page :*

> Nous avons dit ci-dessus, page 231, que par ces mots *Gal-liam Veterem,* Ausone désignait la Gaule cisalpine, mais en nous rappelant les actes de l'empereur Gratien, nous croyons que c'est la Gaule transalpine qu'Ausone a voulu désigner.

Page 245, avant-dernière ligne, Augt, *lisez :* Augst.

Page 251, ligne 18, qui contient la province romaine, *lisez :* qui contient toute la Gaule, y compris la province romaine.

Page 269, ligne 12, Mont-Genève, *lisez :* Mont-Genèvre.

Page 354 et ailleurs, Barbier du Bocage, *lisez partout :* Barbié du Bocage.

Page 375, dernière ligne en note, *Recherches,* lisez : *Recueil.*

Page 449, ligne 1, Flamands, *lisez :* les Flamands.

Page 541, ligne 27, *Eburodunum,* lisez : *Ebrodunum.*

Page 542, ligne 25, ni la vallée, *lisez :* ni dans la vallée.

TOME II.

Page 47, ligne 1 des notes, Barbier du Bocage, *lisez :* Barbié du Bocage.

Page 126, ligne 10, *Ingannum,* lisez : *Ingaunum.*

Page 137, avant-dernière ligne des notes, n'avait, *lisez :* n'avaient.

Page 164, ligne 14, l'Aquitaine, *lisez :* l'*Aquitaine.*

Page 278, ligne 16, *Catelauni,* lisez : *Catalauni.*

Page 339, après la ligne 3, *intercalez la ligne suivante :*

    —— *Betterrensium,* Béziers.

Page 351, dernière ligne du texte, *supprimez le chiffre* 8.

Page 371, après la ligne 13, *intercalez la ligne suivante :*

    —— *Cabellicorum,* Cavaillon.

Page 488, *Ariminium,* lisez : *Ariminum.*

TOME III.

Page xxij, ligne 16, explorés, *lisez :* exploré.

Page xlv, ligne 24, Hiéron, *lisez :* Héron.

Page lix, ligne 6, p. 556, *lisez :* p. 536 et 533.

    Idem, ligne 24, p. 544, *lisez :* p. 542.

Page lx, ligne 19, tome I, p. 544, *lisez :* tome II, p. 542.

> En rectifiant ces citations, je m'aperçois que je n'ai point épuisé la liste des erreurs de M. Delambre pour la Gaule, il faut y ajouter :
>
>   *Juliobona,* Honfleur.
>
>   *Rhotomagus,* Bayeux.
>
> Bien plus, M. Delambre met *Gottingue,* sous son nom moderne, au nombre des villes inscrites dans les Tables de Ptolémée ; ceci prouve qu'il a copié sa liste dans une édition de Ptolémée où se trouvent interpolées des positions modernes : comme nous avons réuni toutes les éditions de cet ancien géographe, il nous serait facile de découvrir celle qui a induit M. Delambre en erreur, mais cette recherche est inutile à notre objet.

Page 13, Lucca, *lisez :* Luca.

Page 22, ligne 10 (colonne à gauche), 30, *lisez :* 20.

Page 27, lignes 3 et 4, des deux routes *Arebrigium,* lisez : des deux routes entre *Arebrigium.*

Page 66, n° 129, *Augustoritum* (Poitiers), lisez : *Augustoritum* (Limoges).

Page 95, ligne 7, *Agedincum,* lisez : *Aginnum.*

Page 129, au n° 248 (colonne à gauche), *au lieu de*   lisez :

           En degrés   En degrés
                            de
           600 stades.   500 stades.

FIN

INDEX

DES NOMS DE PEUPLES, DE VILLES, ETC.,

DE LA

GÉOGRAPHIE

ANCIENNE, HISTORIQUE ET COMPARÉE

DES GAULES

CISALPINE ET TRANSALPINE.

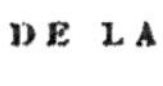

A.

Aballo, Avallon, II, 351.

Abano, village du Padouan ; a des sources chaudes renommées, I, 7.

Abrincatui, peuple du territoire d'A-vranches, I, 384 ; II, 261.

Accion, nom du lac Léman dans Avienus, I, 114.

Acedum, Azolo, II, 147.

Acerræ, Gerra, près de Pizzighet-tone, I, 126.

Aciacum, Auchy, I, 443.

Acitavones, peuple de la Vanoise, aux sources de l'Isère, II, 37, 65.

Acunum, Ancône, II, 204.

Adanates, peuple d'une partie de la Maurienne, II, 32.

Adertisus pagus, pays d'Artois, I, 433.

Adriatique (golfe), I, 11, 48.

Aduatici, peuple germain, I, 502.

Adulas (monts), le Saint-Gothard, I, 227.

Adunicates, peuple des environs d'Aiglun, II, 41.

Ædui, Ædussii, Æduens, peuples d'Autun, I, 54, 55 ; appelés *Ædussi*

par Apollodore, 56, 62, 65, 82, 84, 176, 178, 181. L'un des peuples les plus nombreux de la Gaule, 198 ; alliés des *Ambarri,* 324, 372.

Ægidia, position à Capo d'Istria, II, 159.

Æmona, Laybach, I, 228 ; II, 155.

Æpiaticus portus, à l'embouchure de la rivière d'Ypère, I, 465.

Ærenosii, Ærénésiens, peuple des environs d'Arinio, I, 130.

Aeria, établissement marseillais, I, 187.

Æsis fluvius, le Fiumesino, rivière, I, 50. L'*Esino*, 83 ; II, 17, 93.

Agatha, Agde, I, 27 ; fondée par les Phocéens, 28, 186 ; II, 178.

Agathon portus, Agaye, I, 183.

Agedincum, Sens, I, 54, 57, 325 ; métropole de *Lutetia* jusqu'en 1622, 405. Sa position prouvée historiquement, 409.

Agesinates, peuple du territoire des *Pictavi,* dans le district d'Aisenai, I, 367 ; II, 245.

<table><tr><td>III.</td><td>23</td></tr></table>

B.

C.

D.

E.

Ses différents noms chez les auteurs anciens, I, 42, 43.

Ernagium, Saint-Gabriel, II, 215.

Esubiani, peuple de la vallée de la Vésubia, II, 65.

Esseium, abbaye d'Essay, I, 393.

Essui, peuple de Séez, I, 57. — Des environs d'Esch, dans la Germanie seconde ou inférieure, 394, 509.

Esterel ou *Sterel*, district au nord d'Antibes, I, 62.

Ethiopiens, I, 209.

Etrurie, Toscane moderne, I, 10. *Etruria nova*, 11. Ainsi appelée par les Romains, 14, *Tyrrhenia*, par les Grecs, *ibid.*, à la note; étymologie de ce nom, *ibid.* Séparée de la Gaule cisalpine par la chaîne des Apennins, 91.

Etrusci ou *Tusci*, s'établissent dans le nord de l'Italie, I, 94.

Etrusques ou Tyrrhéniens, possédaient presque tout le nord de l'Italie, avant la fondation de Marseille, I, 13. Affaiblis par les Gaulois, sont encore la première puissance de l'Italie, 49. Étendue et limites de leurs possessions, 50. Vaincus par les Gaulois, 64.

Eubuiates, peuple du pays d'Asti, I, 161.

Euganei, habitants qui ont précédé les Hénètes, I, 8; nom resté à un petit groupe de montagnes au sud-ouest de Padoue, *ibid.* Limites de leur territoire, 50.

F.

Falmiensis pagus, depuis *Falemannia*, la Famène, I, 506.

Fania, la Fagne, I, 476.

Fanomartis, Famars, I, 475.

Fanum Fortunæ, Fano, colonie romaine, II, 94.

Farraticanus pagus, terra di Farra, ou Farra d'Alpajo, dans le Frioul, II, 139.

Faventia, Faenza, I, 89; II, 97.

Felsina, l'une des colonies tyrrhéniennes ou étrusques, I, 12; son nom changé en celui de *Bononia*, et depuis, *Bologna*, *ibid.* et 83.

Ferrare, I, 44.

Fertini et *Feltrini*, peuple de Feltre, II, 67, 146.

Ficaruolo (le), rivière, limite des Lingones, I, 87.

Fidentia, Borgo San Donino, II, 96.

Fines, Fins, près d'Alise, I, 329.

Fisiacum, Fichau, I, 476.

Fixtuinnum, *fines Jatinorum*, mentionné par Ptolémée, I, 414; incertitude de sa position à Montbout, près de Meaux, 415.

Flaminie (la), onzième province d'Italie, II, 518.

Flamonienses, peuple des environs de Flamassons, II, 68, 146, 155.

Flandrensis pagus, pays de Flandre, I, 462. *Flandrenses*, peuple des environs de Bruges, II, 280.

Florentia, Florence, I, 89, 562.

Focunates, peuple des environs de Focagna, II, 55.

Forensis pagus inferior, le Giarest, position à Saint-Étienne, capitale du Forest, I, 335.

Foretani, peuple des environs de Forforcano, II, 155.

Forli, ville d'Italie, I, 89.

Formio, fleuve d'Italie, I, 4; confondu par Cluverius et d'Anville avec le Risano, *ibid.*, 51.

Forojulienses, surnommés *Transpadani*, habitants de la vallée de Natisone, II, 69.

Forum Cereale, position entre Cartiguano et Dronera, II, 117.

Forum Clodii, position à Lojano, II, 101.

G.

J.

L.

et de toute la Gaule celtique, **I**,
333. — Leyde, 453; **II**, 250.

Lugdunum clavatum, Laon, **I**, 481.

Luna Dirutta, sur la côte de Ligurie, bâtie par les Etrusques, **I**, 12;
ville étrusque, 34, 158, 160.

Lucques, placé par Frontin dans la
Ligurie, **I**, 92.

Lutecia, Paris, **I**, 54, 57, 400. Preuves de sa position à Paris mo-
derne, 404, 435, 483.

Luteva, Lodève, **II**, 182.

Luxovium, Luxeuil, **I**, 320.

Lydiens, donnent le nom à la ville
de *Pise*, **I**, 19.

Lygies, les mêmes peuples que les
Ligures, **I**, 30. — *Comati*, 162;
II, 22.

Lyonne, petite rivière, **I**, 60.

Lyonnaise première, **II**, 329. (Voyez
Lugdunensis provincia.)

M.

Macri, peuple entre Reggio et Qua-
derna, **II**, 103.

Magelli, petit peuple du val Prage-
las et de la vallée de Fénestrelle,
I, 542; **II**, 39, 119.

Magellum, Majers, **II**, 39.

Magra (la), rivière de la Ligurie, **I**,
36, 94, 157; **II**, 19, 108.

Magri campi, vallée formée par la
Magra, **I**, 158.

Maiensis, Merano, **II**, 150.

Majanis, au lieu nommé Marano,
limite de la Gaule cisalpine, **II**,
46.

Malbodium, Maubeuge, **I**, 475.

Manicelum, Maniceno, **I**, 165.

Mansa vicus, **I**, 112.

Mandubii, Mandubiens, peuple de
l'Auxois, **I**, 54, 199, 328.

Mantebrum, placé à Mantoy, près
de Reims, **I**, 490.

Mantua, Mantoue, capitale des possessions transpadanes des Étrusques, **I**, 12, 67.

Marazzi (petra), Marengo, **II**, 120.

Marca, Marche, **I**, 506.

Marchia Lemovicina, la Marche du
Limousin, ou frontière Lemo-
vienne, **I**, 371.

Marciliacum villa, Marcilly-la-Ville,
I, 389.

Marici, peuple de la Ligurie, **II**, 120.

Maricus vicus, Marengo, sur la route
d'Alexandrie à Tortone, **I**, 127.

Maritima Colonia, le Vieux-Rhône,
II, 186.

Martin en Vercors, **I**, 60.

Martreio, Martrey, **II**, 55.

Massalia, Marsaglia, **I**, 127.

Massilia, Marseille. Sa fondation
par les Phocéens, l'an 600 avant
J.-C., **I**, 1, 24, 34; époque où
cette ville était renfermée dans
une presqu'île, 119.

Mastramela, Astromela et *Mastromela*,
étang de l'Estouma ou de Berre,
I, 118, 188.

Matisco, Mâcon, **I**, 318.

Matrona, la Marne, rivière, **I**, 246;
II, 352.

Mattiaci fontes, placé à Wisbaden,
II, 294

Medalgicus pagus, cant. des Mauges,
I, 376.

Medeletensis pagus, le Mélanthois, **I**,
462.

Mediolano, Meylieu, **I**, 335.

Mediolanum, capitale des *Aulerci-
Eburovices*, placé à Evreux, **I**, 398.

Mediolanum, Milan, **I**, 60, 65; **II**,
128. — Saintes, 236. — Evreux,
351.

Mediomatrici, peuple au midi des
Treviri, diocèse de Metz, **I**, 517
et suiv.

Medoacus, le Bacchiglione, rivière
d'Italie, **I**, 68. *Medoaci*, peuple
de la plaine de Vicence, **II**, 149.

N.

O.

Olina fluvius, l'Orne, rivière, 1, 386, 397; 11, 257.

Oltis, le Lot, 1, 348.

Ombrie, sixième région de l'Italie, d'après la division d'Auguste, 11, 87.

Onabrisates, peuple du Nébousan, 1, 306; 11, 240.

Onesii, peuple des environs d'Ozon, 1, 306; 11, 239.

Opitergium, Oderzo, 11, 55, 147.

Opisci, ou *Osci*, 1, 94.

Oppidum Deciatum, Saint-Paul de Vence, 1, 184.

Oratelli, peuple des environs de la montagne d'Orel, à l'est d'Embrun, 11, 37, 66.

Origiacum, Orchies, 1, 433.

Orobii, Orobiens, habitants des montagnes de la Ligurie, 1, 13. Signification de leur nom, *ibid.* et 18; près du lac de Côme, 72, 73. Leur territoire envahi par les Insubres et les Cénomans, 92, 151; 11, 128.

Orobis, l'Orbe, rivière, 1, 110.

Orobium fanum, ville au nord de Milan, 1, 74.

Oromarsaci, peuple d'un canton des *Morini*, 1, 441, 458.

Osismii, peuple de l'extrémité de la Bretagne, 1, 379.

Osquidates campestri, peuple de la vallée d'Ossau, 1, 302; 11, 243.

Ossidates campestri, au territoire d'Aquitaine, 1, 283.

Ostidamnii et *Osismii*, les mêmes peuples que les *Timii* et les *Sismii*, 1, 101. (Voy. *Timii*.)

Ostimii, *Ostionestimii*, *Ostsimii*, mêmes peuples que les *Timii*, 1, 101. (Voyez ce mot.)

Ostiones, *Ostiæos*, même peuple que les *Ostidamnii*, 1, 101. (Voyez ce mot.)

Ostrani, habitants d'Ostra; position à Cormaldo, 1, 93.

Otesini, peuple des environs de Bondeno, 11, 10.

Oximus civitas, *Oximum*, Exmes, Eximes, 1, 392; 11, 253.

Oxybii, 1, 147, 177, 182; réunis à la Province romaine, 537.

P.

Pabulensis pagus, le pays de Pevele, 1, 462.

Paderenus. (Voyez *Portus Eridani*.)

Padinum, *Padinates*, ville et peuple des environs de Bondeno, peut-être à Mirandola, 11, 101.

Padus, le Pô, 1, 5, 43; 11, 98.

Pagus Insuber, 1, 65.

Pagus Trojanus, doit être placé près du village moderne d'Adria, 1, 9.

Palsatium, placé à Pallaziola, 11, 154.

Pampelo, Pampelune, 1, 300.

Parentium, Parenzo, 11, 157.

Parisiis, Paris, 11, 351. (Voyez *Lutecia*.)

Parisii, les Parisiens, ne formaient originairement qu'un même peuple avec les *Senones*, 1, 55. Position et limites de leur territoire dans la Celtique, 403.

Parmenses, pays qui appartenaient à ce peuple, 11, 480.

Patavium, Padoue, 1, 9, 93.

Pedona, Borgo di San Dalmazzo, 11, 116.

Pedyli, peuple des environs de Piégu, à l'est de Tallard, 11, 40.

Pélasges (les), abordent en Italie, vers 1376 avant J.-C., 1, 5; originaires du Péloponèse, 6, Grecs-Tyrrhéniens, 15, à la note.

Penpedunni, peuple placé au port Pinède, 11, 242.

Pergantium, Breganson, 11, 196.

Petrocorii, peuple du Périgord, 1, 254, 360.

S.

Tugeni, peuple de l'Helvétie, 1, 311.
Tugen, village, *ibid.*

Tulingi, peuple du district de Tiengen, au-delà du Rhin, 1, 559; 11, 59.

Tullum, Toul, 1, 417, 533.

Tungri, peuple qui remplaça les *Eburones*, 1, 459, 464, — et le nom de *Germani*, 502, 504; 11, 281.

Tungrorum civitas, Tongres, 1, 459.

Turba, *Tarba*, *Turvia*, Tarbes, 1, 292.

Turnacum, Tournai, 1, 432.

Turones, *Turonii*, peuple de la Celtique, entre la Seine et la Loire, 1, 374; 11, 167.

Tusci ou *Tyrrheni*, peuple d'Italie, Toscans, 1, 71; dans la Marche d'Ancône, 87. (Voy. *Etrusci*.)

Tusciana, Toscane, 1, 67.

Tusculanum, Toscolano, 11, 138.

Tylangii et *Tulangii*, peuple du Valais, 1, 114. Vallée de Turnange, au Valais, *ibid.*

Tyriens (les), fondateurs de Carthage, 1, 97. Leurs premières navigations vers le Rhône, 113.

Tyrrhénie, troisième des grandes divisions de l'Italie de Strabon, 11, 83.

Tyrrhéniens, venus de Lydie, expulsent les Pélasges de l'Italie, 1, 6. Leurs émigrations, 10. (Voyez *Étrusques*), 13, à la note; 15, 33, 35, possesseurs de toute la Gaule cisalpine, 40, 50, *Tyrrhénie*, 207.

U.

Ubii, peuple à l'orient de l'Escaut, 1, 459, 464, 514; 11, 7, 278, 281.

Ucetiense, Uzès, 11, 339.

Uceni, peuple des Alpes, 1, 251, 272, dans la vallée d'Oz; 11, 38.

Ucetia, Uzès, 11, 183.

Ugernum, position à Beaucaire, 11, 183.

Uliarius, île d'Oléron, 11, 249.

Ulmanetes, peuple des bords du Rhin, 1, 512, placé à Ulmersbach, 11, 275.

Umbranici, peuple du diocèse d'Albi, 11, 175.

Umbri, peuples d'Italie, chassés de leur territoire par les Pélasges, 1, 5, 10, 41; combattent contre les Gaulois, 87, 94.

Unelli ou *Venelli*, peuple armoricain, mentionné par César, 1, 385; dans le Cotentin, 11, 251.

Uræ fons, source de l'Eure, 11, 181.

Urba, Orbe, 1, 315.

Urbanetes et *Umbranates*, peuple des environs de Panaro, 11, 103.

Urbin (duché d'), 1, 88.

Urbinum hortense, Urbino, 11, 95.

Ursidongus, 1, 475.

Usipetes, nation germanique, 1, 458.

Utis, le Val Torto, rivière de Ravenne, 1, 88.

Uxellodunum, ville du territoire des *Cadurci*, 1, 353; position à Capdenac, 358.

Uxisama, île d'Ouessant, 1, 102, 208.

V.

Volcæ Cavares, I, 132, 190.

Volcæ Tectosages, peuples de la Gaule méridionale, Languedoc, I, 62, 75. Faisaient partie des troupes de Gaulois qui passèrent en Germanie, 77, 132, 190; II, 170.

Volaterræ, Volterra, I, 333.

Vordenses, petit peuple placé à Gordes, du côté d'Apt, II, 221.

Vorganium, ou *Vorgium*, capitale des *Osismii*, placée à Concarneau, à Tréguier, à Carhaix, par différents auteurs, I, 380.

Vorincus, Brocincus, Brocen, II, 185.

Vosavia, Uber-Wesel, I, 523.

Vulcassinus pagus, le Vexin, I, 436.

Vulchalo, I, 194.

Vulgientes, peuple de la Gaule méridionale, partie de la Provence, I, 61, 185, 260; II, 220.

W.

Wallare, Waslers, I, 476.

Walis, Wahalis, Wachalis, le Wahal, bras du Rhin, I, 492.

FIN DE L'INDEX.

CORRECTION.

Tome I, page 32, lignes 20 et 21, *au lieu de :* « La navigation du Rhône à *Antium* est de quatre nuits », *lisez :* « La navigation du Rhône à *Antium* est de quatre jours et de quatre nuits. »